60

LES 60 MEILLEURS BRUNCHS DU MONDE…
POINT FINAL.
VÉRONIQUE PARADIS

PHOTOGRAPHIE : Antoine Sicotte
DIRECTION ARTISTIQUE : Antoine Sicotte et Véronique Paradis
CONCEPTION VISUELLE : Laurie Auger
DESIGN DE LA COUVERTURE : Laurie Auger
STYLISME CULINAIRE : Véronique Paradis
RÉVISION ET CORRECTION D'ÉPREUVES : Emily Patry et Flavie Léger-Roy

COLLECTION SOUS LA DIRECTION DE : Antoine Ross Trempe

ISBN : 978-2-920943-62-9

©2013, LES ÉDITIONS CARDINAL
Tous droits réservés.

Dépôt légal : 2013
Bibliothèque et Archives du Québec
Bibliothèque et Archives Canada
ISBN : 978-2-920943-62-9

Nous reconnaissons avoir reçu l'aide financière du gouvernement du Canada par l'entremise du Fonds du livre du Canada (FLC) pour nos activités d'éditions ainsi que l'aide du gouvernement du Québec — Programme de crédits d'impôts pour l'édition de livres et Programme d'aide à l'édition et à la promotion — Gestion SODEC.

IMPRIMÉ AU CANADA

Découvrez les titres à venir et bien plus sur :
WWW.FACEBOOK.COM/LES60MEILLEURSDUMONDE

Distributeurs exclusifs
Pour le Canada et les États-Unis

MESSAGERIES ADP
2315, rue de la Province
Longueuil, Québec J4G 1G4
Téléphone : 450 640-1237
Télécopieur : 450 640-1251
Internet : www.messageries-adp.com

Pour la France et les autres pays

INTERFORUM EDITIS
Immeuble Paryseine, 3, Allée de la Seine
94854 Ivry CEDEX
Téléphone : 33 (0) 1 49 11 56/91
Télécopieur : 33 (0) 1 49 59 11 33
Service commandes France Métropolitaine
Téléphone : 33 (0) 2 38 32 71 00
Télécopieur : 33 (0) 2 38 32 71 28
Internet : www.interforum.fr
Service commande Export – DOM-TOM
Télécopieur : 33 (0) 2 38 32 78 86
Internet : www.interforum.fr
Courriel : cdes-export@interforum.fr

Pour la Suisse

INTERFORUM EDITIS SUISSE
Case postale 69 – CH 1701 Fribourg – Suisse
Téléphone : 41 (0) 26 460 80 60
Télécopieur : 41 (0) 26 460 80 68
Internet : www.interforumsuisse.ch
Courriel : office@interforumsuisse.ch
Distributeur : OLF S.A.
ZI. 3, Corminboeuf
Case postale 1061 – CH 1701 Fribourg – Suisse
Commandes
Téléphone : 41 (0) 26 467 53 33
Télécopieur : 41 (0) 26 467 54 66
Internet : www.olf.ch
Courriel : information@olf.ch

Pour la Belgique et le Luxembourg

INTERFORUM BENELUX S.A.
Fond Jean-Pâques, 6
B-1348 Louvain-La-Neuve – Belgique
Téléphone : 32 (0) 10 42 03 20
Télécopieur : 32 (0) 10 41 20 24
Internet : www.interforum.be
Courriel : info@interforum.be

BRUNCHS

LES 60 MEILLEURS
DU MONDE... POINT FINAL.

BRUNCHS

AVERTISSEMENT

Les 60 brunchs que vous trouverez dans ce livre sont, selon nous, les 60 meilleurs du monde. Notre équipe, composée de chefs, de rédacteurs et de gourmets, est parvenue à distiller le meilleur de ce qui se fait dans le monde pour créer ces 60 meilleures recettes de brunch.

Pour faire ce choix, nous nous sommes principalement basés sur ces critères :

LA QUALITÉ DES INGRÉDIENTS
L'ORIGINALITÉ
LE GOÛT
L'APPARENCE
LA SIMPLICITÉ

Est-ce que ce choix est subjectif? Bien entendu! Mais ce qui est certain, c'est que cette liste des 60 meilleurs a été faite de bonne foi par une équipe de passionnés et de gourmands. Toutes les photos que vous trouverez dans ce livre ont d'ailleurs été réalisées sans trucage et les recettes de brunch utilisées pour les photos ont par la suite été dégustées avec enthousiasme par toute l'équipe créative.

En espérant que vous aurez autant de plaisir à découvrir et à utiliser ce livre que nous avons eu de plaisir à le faire.

TABLE DES MATIÈRES

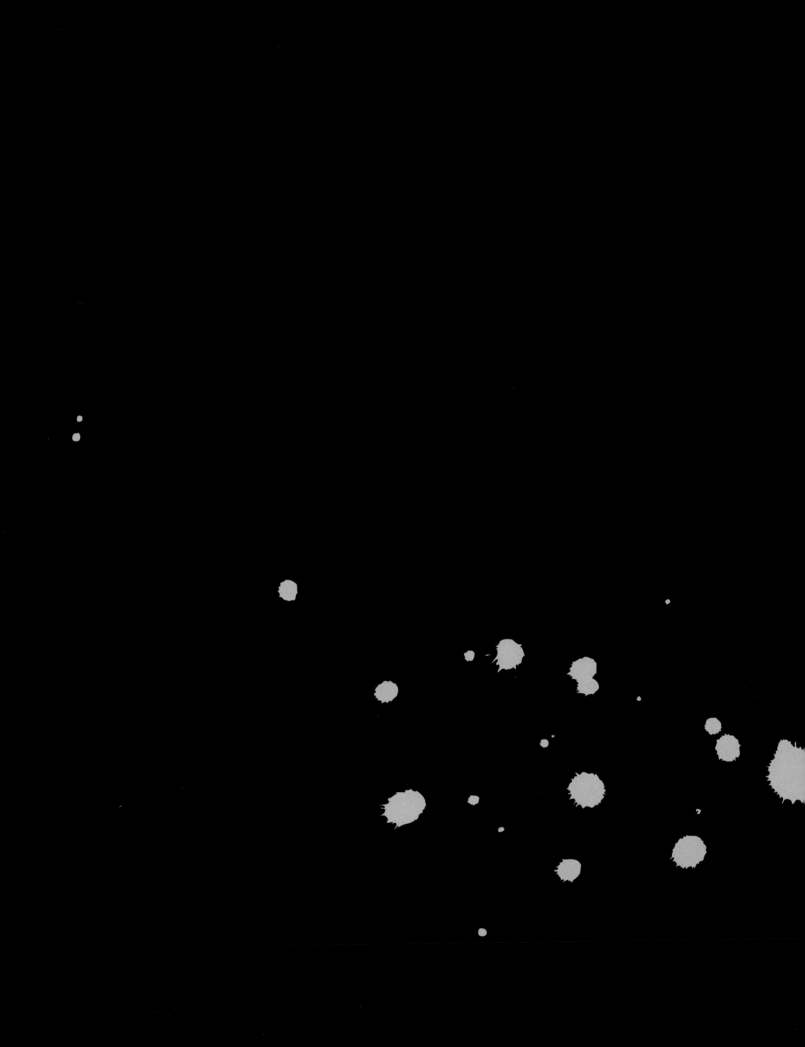

INTRO

Chacun des 60 meilleurs brunchs présentés dans cet ouvrage possède une légende de goûts et de coûts (voir la signification des symboles pages 018 et 019) qui aidera vos papilles et votre porte-monnaie à s'y retrouver. Vous trouverez également un lexique de cuisine (page 029) et des astuces (page 025) ainsi qu'une liste d'instruments (page 023) qui devraient impérativement se retrouver dans votre cuisine afin de concocter les meilleurs brunchs du monde. Une table des matières (pages 010 et 011) et un index des ingrédients (pages 176 à 179) vous guideront aussi dans vos choix.

Enfin, impressionnez vos convives avec l'information contenue dans les capsules « Le saviez-vous ? », avec les trucs décadents et les suggestions d'accompagnements.

Et surtout, bon appétit!

TEMPS   SUCRE   GRAS   COÛT

LES SYMBOLES

 TEMPS DE PRÉPARATION EN MINUTES, INCLUANT LA CUISSON

INTENSITÉ DU GOÛT SUCRÉ

 PEU SUCRÉ   MODÉRÉMENT SUCRÉ   SUCRÉ

SENSATION ONCTUEUSE, MOELLEUSE ET RICHE EN GRAISSE

 PEU GRAS   MODÉRÉMENT GRAS   GRAS

COÛT RELIÉ À L'ACHAT DES INGRÉDIENTS

 PEU COÛTEUX   MODÉRÉMENT COÛTEUX   COÛTEUX

LA PETITE HISTOIRE DU BRUNCH

Le mot *brunch* est un mot-valise qui joint les mots anglais *breakfast* («petit-déjeuner») et *lunch* («déjeuner»). Ainsi, quoi de plus normal que cet anglicisme soit défini par *Le Petit Robert* comme un «repas pris dans la matinée qui sert à la fois de petit-déjeuner et de déjeuner». L'Académie française propose de parler d'un «grand petit-déjeuner», mais c'est une expression peu, pour ne pas dire pas utilisée. L'Office québécois de la langue française, pour sa part, recommande le synonyme «déjeuner-dîner» qui n'est pas plus usité. Peu importe, le brunch se sert entre 11 h et 15 h, et combine les plats des deux repas. Il se présente souvent sous forme de buffet dans lequel on retrouve thé, café, jus de fruits, cocktails Mimosa faits de jus d'orange et de champagne, viennoiseries, céréales, pain, confitures, œufs, crêpes, gaufres, quiches, pommes de terre rôties, fromage, saucisse, bacon, etc.

Le brunch est un concept de repas apparu aux États-Unis vers la fin du XIXe siècle. Aujourd'hui, il est devenu très populaire la fin de semaine, surtout le dimanche, dans les restaurants et les hôtels de partout dans le monde.

En Europe, les hôtels proposent souvent aux touristes un petit-déjeuner dit continental qui consiste en des tartines, des viennoiseries, des céréales et du yogourt, le tout accompagné de boissons chaudes et de jus de fruits. On parle souvent du *english breakfast* par opposition au petit-déjeuner continental. Ce petit-déjeuner à l'anglaise comprend plus de protéines : œufs, pommes de terre, fèves au lard, bacon, saucisses et même, selon les régions, du boudin ou des rognons! Ce type de déjeuner a également été adopté au Canada. Les restaurants du Québec ne font pas exception à la règle; on y trouve œufs, tartines et toute la panoplie du brunch, et on ajoute même parfois du sirop d'érable en accompagnement!

Le livre *Les 60 meilleurs brunchs du monde* vous propose de nombreuses et délicieuses recettes et variations sur le thème du brunch fait maison. N'attendez pas seulement les occasions spéciales comme les mariages ou encore la fête des Mères pour élaborer votre menu brunch. Faites-vous simplement plaisir ainsi qu'à vos proches en vous attablant dans une atmosphère conviviale et chaleureuse.

LES INSTRUMENTS

INDISPENSABLES POUR RÉUSSIR LES MEILLEURS BRUNCHS DU MONDE

1. Une **grande poêle antiadhésive** pour cuire les crêpes, les frittatas, les œufs et les röstis sans tracas.

2. Un **couteau du chef** bien affûté pour hacher et travailler dans la joie.

3. Un **fouet** pour fouetter ce qui doit être fouetté.

4. Un **rouleau à pâte** pour abaisser les pâtes brisées, sucrées, feuilletées, etc.

5. Une **spatule** pour déplacer et retourner les aliments fragiles en un tournemain.

6. Une **plaque à pâtisserie** pour cuire les préparations au four.

7. Un **moule à muffins** pour les muffins, les miniquiches et autres petites gâteries.

8. Une **cuillère trouée** pour égoutter et manipuler les œufs pochés ainsi que les aliments frits.

9. Un **moule à tarte** pour cuire quiches, pâtés et tartes.

10. Des **culs-de-poule** pour mélanger les préparations ou fouetter les ingrédients.

11. Une **louche** pour verser avec dextérité la pâte à crêpes dans la poêle.

12. Un **pied-mélangeur** pour confectionner les smoothies, les mousses et obtenir des purées lisses.

13. Un **plat à gratin** pour les casseroles et autres mets allant au four.

14. Un **moule à pain** pour cuire gâteaux et pains maison.

15. Une **paire de pinces** pour manipuler aisément les aliments.

16. Un **économe** pour peler facilement les fruits et les légumes.

17. Une **maryse** pour travailler les préparations délicates et bien nettoyer les bols de leurs ingrédients.

ASTUCES

POUR RÉUSSIR LES MEILLEURS BRUNCHS DU MONDE

1. Lorsque vous préparez un menu de brunch, prévoyez un équilibre entre les plats sucrés, salés, légers et plus lourds. Les contrastes de goûts et de textures éveilleront votre gourmandise matinale.

2. Préparez le maximum de choses la veille du repas. Faites la pâte à crêpes, cuisez les pommes de terre, les muffins ou les gâteaux, concoctez les vinaigrettes... Le matin venu, vous pourrez terminer vos préparations sans soucis en sirotant le premier café de la journée.

3. Ayez une bonne réserve de fruits au congélateur. Congelez ceux qui sont très mûrs et que vous ne pourrez pas consommer à temps. Afin qu'ils ne collent pas tous ensemble, étalez-les bien sur une plaque à pâtisserie et placez-les au congélateur. Une fois congelés, transférez-les dans des sacs de congélation. Vous pourrez vous servir à votre guise afin de créer des smoothies, coulis et garnitures à tout moment.

4. Variez les pains et les viennoiseries au menu. Il est idéal d'acheter votre pain le matin même, mais si vous l'achetez à l'avance, congelez-le aussitôt et décongelez-le peu avant le repas. Vous pouvez également trouver des viennoiseries non cuites congelées dans certaines boulangeries. Sortez-les du congélateur la veille et faites-les cuire le matin même. L'odeur de pain frais embaumera toute la maison!

5. Préparez toujours un plateau de fruits de saison frais prêts à manger. Il garnira élégamment votre table et tous pourront s'en délecter sans devoir les laver, les peler, les épépiner... De plus, les fruits allègeront un repas copieux.

6. Rien de mieux qu'un brunch entre amis! Une petite touche d'alcool trouve facilement sa place dans ce moment privilégié. Soyez sans gêne, offrez cafés alcoolisés, vin rosé ou cocktail mousseux aux fruits à vos invités, ils adoreront! Tenez-vous-en toutefois à des mélanges doux, sucrés ou fruités afin de ne pas couper l'appétit des convives si tôt en journée!

7. Ne limitez pas le brunch au dimanche ou aux occasions spéciales. Profitez-en aussi en famille et en amoureux, la fin de semaine comme la semaine si votre horaire le permet. Et pourquoi ne pas bruncher même au souper?

8. La meilleure façon d'offrir un brunch délicieux et varié à vos invités est sans aucun doute de déléguer. Partagez les tâches. Confiez l'achat du pain, du vin, des fromages, des pâtés ou des fruits à vos invités. Ou pourquoi ne pas demander à chacun d'apporter un plat différent déjà cuisiné? Une bonne occasion d'échanger des recettes entre amis!

9. Finalement, gardez toujours en tête que les ingrédients les plus frais font les meilleures recettes. Mangez frais!

PARFAIRE SON SAVOIR-FAIRE

La cuisson des œufs est une opération apparemment simple qui peut s'avérer plutôt complexe au moment de l'exécution. Voici quelques trucs pour obtenir des œufs parfaits à tous coups.

ŒUFS POCHÉS : Versez d'abord 15 ml (1 c. à soupe) de vinaigre par œuf dans une grande casserole d'eau. Portez l'eau et le vinaigre à ébullition, puis réduisez le feu. Avec une cuillère, remuez l'eau afin de créer un tourbillon. Cassez délicatement les œufs un à un et cuisez-les 4 minutes. Retirez les œufs avec une cuillère trouée et plongez-les dans l'eau froide afin d'en arrêter la cuisson.

ŒUFS BROUILLÉS : Fouettez vigoureusement les œufs dans un petit bol et assaisonnez-les. Faites fondre un peu de beurre à feu moyen dans une poêle antiadhésive, versez les œufs et remuez continuellement avec une cuillère de bois. Lorsque les œufs ne sont plus liquides, retirez la poêle du feu et ajoutez 5 ml (1 c. à thé) de crème par œuf. Remuez vigoureusement quelques secondes. Les œufs cesseront de cuire au moment où vous verserez la crème et ils seront parfaitement moelleux!

ŒUFS TOURNÉS : Encore une fois, faites fondre un peu de beurre à feu moyen dans une poêle antiadhésive ou utilisez de l'huile végétale afin d'éviter toute coloration. Cassez les œufs délicatement, puis retournez-les dès que le blanc est suffisamment figé pour ne pas couler. Pour vous assurer de la cuisson complète du blanc d'œuf, vérifiez-la en pressant légèrement l'œuf en bordure du jaune. Ne manipulez pas les œufs avant la fin de la cuisson afin d'éviter de casser les jaunes.

ŒUFS AU MIROIR : Employez la même technique que pour les œufs tournés, mais ne les retournez pas. Gardez la poêle à feu moyen et surveillez la cuisson du blanc en bordure du jaune. Lorsque le blanc et le jaune semblent légèrement fusionnés, les œufs sont prêts. Attention, si votre poêle est très chaude, le jaune aura tendance à trop cuire à la base.

ŒUFS MOLLETS OU À LA COQUE : Tempérez les œufs pour éviter que la coquille se fende au contact de l'eau. Versez 15 ml (1 c. à soupe) de vinaigre dans l'eau. Déposez-les doucement dans l'eau qui mijote, à l'aide d'une cuillère. Laissez mijoter 4 minutes. Égouttez et plongez les œufs dans l'eau froide afin de stopper la cuisson.

ŒUFS DURS : Utilisez la même technique que pour l'œuf mollet, mais la cuisson sera plutôt de 11 minutes. Plongez les œufs dans l'eau froide aussitôt la cuisson terminée et écalez-les lorsqu'ils sont froids.

LA CONSERVATION : Conservez toujours les œufs dans un contenant hermétique, car ils absorbent facilement les odeurs. Il est préférable de les tenir loin des oignons, de l'ail ou de tout autre aliment odorant.

LE VINAIGRE À LA CUISSON : Le vinaigre permet au blanc d'œuf de coaguler plus rapidement et, ainsi, d'obtenir des œufs pochés bien ronds qui enrobent le jaune. Aussi, lors de la cuisson des œufs mollets, il empêche au blanc de se répandre dans l'eau si la coquille se fend.

LEXIQUE DE CUISINE

1. ASSAISONNER

Donner de la saveur à une préparation en ajoutant du sel et du poivre.

2. CISELER

Entailler avec un couteau affûté des échalotes, des oignons ou des herbes aromatiques jusqu'à la racine dans le sens de la longueur, puis sur la largeur, de manière à obtenir de petits cubes.

3. ÉMINCER

Couper en fines tranches.

4. HACHER

Couper en très petits morceaux à l'aide d'un instrument tranchant (gros couteau ou robot culinaire).

5. SAISIR

Cuire à feu vif pendant peu de temps dans un corps gras (beurre ou huile) pour dorer ou colorer un aliment.

6. ZESTER

Extraire le zeste ou l'écorce d'un agrume à l'aide d'un zesteur, d'une râpe Microplane ou d'un couteau à peler.

7. SAUTER OU REVENIR

Cuire à feu vif un aliment à la poêle ou dans une casserole en remuant.

8. TOMBER

Cuire certains légumes à feu doux avec ou sans corps gras afin de réduire leur volume et d'extraire une partie de leur eau (ex. : épinards, bette à carde, etc.).

9. BLANCHIR

Cuire les légumes dans de l'eau bouillante salée.

10. ABAISSER

Étendre et aplatir une pâte à l'aide d'un rouleau à pâtisserie. Saupoudrer légèrement la surface de travail de farine avant d'abaisser la pâte pour éviter qu'elle colle.

11. BADIGEONNER

Enduire une surface d'une fine couche d'un ingrédient plus ou moins liquide à l'aide d'un pinceau ou du dos d'une cuillère.

12. FOUETTER

Battre vivement une préparation liquide afin de rendre le mélange homogène. L'action de fouetter permet également d'incorporer de l'air dans une préparation, la rendant ainsi plus légère (crème fouettée, meringue, etc.).

LE SECRET DES CHEFS

Les goûts et les habitudes alimentaires de chacun varient. Le secret pour réussir les meilleures recettes du monde, selon vos propres goûts et standards, est de **goûter** à vos préparations lorsque vous les cuisinez. **Goûtez** avant et après avoir assaisonné. Ajoutez du piquant ou du citron si vos papilles vous le dictent. Doublez la quantité d'herbes ou de fromage si c'est ce dont vous avez envie! Bref, écoutez votre instinct, fiez-vous à vos sens et surtout, **goûtez** constamment.

Voilà le secret des chefs pour être totalement satisfait de ce que vous mettez sur la table.

LE BURGER MATINAL

4 PORTIONS

INGRÉDIENTS

Chair de 2 saucisses au choix
30 ml (2 c. à soupe) huile végétale
4 tranches de fromage cheddar
4 œufs
Sel et poivre
15 ml (1 c. à soupe) beurre
4 muffins anglais
30 ml (2 c. à soupe) mayonnaise
4 tranches de tomate

PRÉPARATION

Former quatre galettes avec la chair des saucisses. Dans une poêle, chauffer l'huile végétale et cuire les galettes environ 3 minutes de chaque côté. Couvrir de fromage cheddar et réserver au chaud.

Dans un petit bol, fouetter les œufs. Assaisonner. Dans une poêle, chauffer le beurre, verser le mélange d'œufs et cuire 2 minutes. Diviser en quatre portions et les retourner pour terminer la cuisson.

Griller les muffins anglais. Garnir la base de chacun de mayonnaise, d'une galette de saucisse, d'une portion d'œufs et d'une tranche de tomate. Refermer et servir.

BOISSONS DU DIMANCHE

4 TASSES PAR RECETTE

INGRÉDIENTS POUR LE THÉ CHAI

3 sachets de thé noir
750 ml (3 tasses) eau, bouillante
250 ml (1 tasse) lait
15 ml (1 c. à soupe) sucre
5 ml (1 c. à thé) cannelle
2 ml (1/2 c. à thé) gingembre moulu
1 ml (1/4 c. à thé) cardamome moulue
1 morceau d'anis étoilé
1 pincée de muscade moulue
100 ml (3 1/2 oz) liqueur crémeuse au whiskey (type Baileys)

INGRÉDIENTS POUR LE CAFÉ CHOCO-NOISETTE

60 ml (1/4 tasse) crème 35 % (entière)
30 ml (2 c. à soupe) pépites de chocolat mi-sucré
1 quartier de citron
60 ml (1/4 tasse) sucre
125 ml (4 1/2 oz) liqueur de noisette (type Frangelico)
1 l (4 tasses) café filtre
Copeaux de chocolat noir ou au lait (finition)

PRÉPARATION

Thé chai : Faire infuser le thé dans l'eau bouillante de 3 à 5 minutes. Retirer les sachets et réserver.

Dans une petite casserole, mélanger le lait avec le sucre et les épices. Porter à ébullition, réduire le feu et laisser mijoter en remuant environ 2 minutes.

Répartir le thé dans quatre tasses, puis ajouter le lait aux épices. Verser la liqueur au whiskey et servir immédiatement.

Café choco-noisette : Dans un bol, fouetter la crème vigoureusement jusqu'à l'obtention de pics mous.

Dans un petit bol, faire fondre le chocolat au four à micro-ondes par séquences de 15 secondes. Le chocolat doit être fondu, mais pas chaud. Verser le chocolat dans la crème fouettée en fouettant vigoureusement au batteur électrique jusqu'à l'obtention de pics fermes. Réserver au réfrigérateur.

Frotter le bord d'une tasse avec le quartier de citron. Verser le sucre dans une petite assiette, puis tourner la tasse dans l'assiette afin d'enrober le bord de sucre. Répéter pour trois autres tasses. Verser 30 ml (2 c. à soupe) de liqueur de noisette dans chaque tasse, puis remplir de café. Garnir de crème fouettée au chocolat, puis de copeaux de chocolat. Servir.

3

LE «CORNED BEEF HASH»

6 PORTIONS

INGRÉDIENTS

2 pommes de terre à chair jaune (Yukon Gold)
15 ml (1 c. à soupe) beurre
1 oignon, ciselé
15 ml (1 c. à soupe) thym frais, haché
340 g (1 boîte) bœuf salé du commerce (*corned beef*)
1 œuf
Poivre
30 ml (2 c. à soupe) huile végétale

PRÉPARATION

Dans une casserole, couvrir les pommes de terre d'eau froide. Porter à ébullition et laisser mijoter 30 minutes à feu doux. Égoutter et laisser refroidir. Peler les pommes de terre.

Dans une poêle, faire fondre le beurre et faire revenir l'oignon et le thym 3 à 4 minutes. Réserver.

Râper les pommes de terre dans un bol. Ajouter le bœuf salé, l'oignon et l'œuf, et bien mélanger. Poivrer.

Dans une grande poêle, chauffer l'huile et verser tout le mélange. Former une galette compacte et cuire 8 à 10 minutes à feu moyen jusqu'à ce que le tout soit doré. Remuer le mélange, puis reformer une galette la plus compacte possible. Laisser dorer de nouveau pendant 8 à 10 minutes.

Recouvrir la poêle d'une assiette au diamètre plus grand que la poêle et retourner la galette dans l'assiette afin que la partie dorée soit sur le dessus. Faire glisser délicatement la galette dans la poêle, et poursuivre la cuisson 10 minutes afin de dorer l'autre côté. Servir accompagné d'œufs cuits au goût et de tomates confites ou de crème sure.

LE SAVIEZ-VOUS?

Le 27 septembre serait la journée nationale du *Corned Beef Hash* aux États-Unis.

BRANDADE SOLEIL

4 PORTIONS

INGRÉDIENTS POUR LA BRANDADE

1 pomme de terre à chair jaune (Yukon Gold), pelée et coupée en 8
2 gousses d'ail, hachées
500 ml (2 tasses) lait
450 g (1 lb) morue fraîche
30 ml (2 c. à soupe) estragon frais, haché
60 ml (1/4 tasse) huile d'olive
7 ml (1/2 c. à soupe) sel
Poivre

INGRÉDIENTS POUR LA GARNITURE

30 ml (2 c. à soupe) câpres, rincées et égouttées
8 olives Kalamata, dénoyautées et hachées grossièrement
1 échalote, ciselée
8 tomates cerises, coupées en 4
125 ml (1/2 tasse) concombre, coupé en brunoise
30 ml (2 c. à soupe) huile d'olive
5 ml (1 c. à thé) vinaigre de Xérès
Pain baguette, grillé

PRÉPARATION

Dans une casserole, combiner la pomme de terre, l'ail et le lait. Porter à ébullition. Laisser mijoter 20 minutes à feu doux. Ajouter la morue et continuer la cuisson 10 minutes. Retirer du feu et égoutter le mélange. Ajouter l'estragon, puis écraser le mélange avec une cuillère. Ajouter l'huile d'olive en filet en remuant. Assaisonner.

Dans un petit bol, combiner tous les ingrédients de la garniture, sauf la baguette. Réserver.

Verser la brandade dans un grand plat ou dans des plats individuels allant au four et passer sous le gril du four afin de dorer légèrement la surface. Servir tiède avec la garniture et de la baguette de pain grillée.

LE SAVIEZ-VOUS?

Fraîche, on appelle aussi la morue « cabillaud ».

CHANTERELLES FONDANTES

2 PORTIONS

INGRÉDIENTS

1 pain ciabatta
20 chanterelles, nettoyées
30 ml (2 c. à soupe) beurre
2 échalotes, ciselées
60 ml (1/4 tasse) vin blanc
125 ml (1/2 tasse) demi-glace
60 ml (1/4 tasse) crème 35 % (entière)
Sel et poivre
30 ml (2 c. à soupe) ciboulette, émincée
2 œufs, pochés

PRÉPARATION

Couper les deux extrémités du pain et trancher en deux sur l'épaisseur. Mettre sous le gril du four jusqu'à ce que le pain soit doré, mais encore moelleux. Réserver.

Couper les plus grosses chanterelles en deux, laisser les plus petites entières. Dans une grande poêle, faire fondre le beurre et saisir les échalotes. Ajouter les chanterelles, cuire 1 minute, puis verser le vin blanc. Réduire à sec, puis verser la demi-glace et la crème. Assaisonner. Réduire jusqu'à ce que la sauce enrobe bien les champignons. Retirer du feu et incorporer la ciboulette.

Servir un morceau de pain par personne et garnir de la poêlée de champignons. Déposer un œuf sur chaque portion afin que le jaune se mélange aux champignons au moment de déguster.

LA PIZZA BRUNCH

4 PORTIONS

INGRÉDIENTS

12 petites asperges
250 ml (1 tasse) lardons de 0,5 cm (1/4 po)
1 pâte à pizza maison ou du commerce
60 ml (1/4 tasse) crème 35 % (entière)
250 ml (1 tasse) fromage gouda, râpé
8 champignons de Paris, émincés
Sel et poivre
4 œufs

PRÉPARATION

Avec les mains, casser les asperges afin d'éliminer le tiers inférieur trop coriace. L'asperge se cassera naturellement au bon endroit. Couper les asperges en deux.

Dans une poêle, faire revenir les lardons 4 à 5 minutes. Éponger sur du papier absorbant et réserver.

Préchauffer le four à 250°C (500°F).

Abaisser la pâte à pizza afin de former un disque de 30 cm (12 po). Étendre la crème sur la pâte, puis garnir du fromage, des lardons, des asperges et des champignons. Assaisonner.

Cuire la pizza sur la grille inférieure du four pendant 4 minutes. Retirer du four et casser les œufs sur la pizza. Remettre au four pour 6 minutes. Découper et servir.

TRUC DÉCADENT

Pour réussir votre propre pâte à pizza à tous coups, consultez le livre **Les 60 meilleures pizzas du monde... Point final.**

7

LES FAMEUSES FÈVES AU LARD

10 PORTIONS

TREMPAGE : UNE NUIT

INGRÉDIENTS

500 ml (2 tasses) petits haricots blancs secs
1 oignon, coupé en 2
150 g (6 tranches) bacon, émincé (lardons)
10 ml (2 c. à thé) moutarde en poudre
250 ml (1 tasse) ketchup
125 ml (1/2 tasse) mélasse
125 ml (1/2 tasse) cassonade (sucre brun)
60 ml (1/4 tasse) vinaigre de cidre
1 l (4 tasses) eau
10 ml (2 c. à thé) sel
5 ml (1 c. à thé) poivre

PRÉPARATION

La veille, faire tremper les haricots blancs dans quatre fois leur volume d'eau. Placer au réfrigérateur et laisser reposer toute une nuit. Bien rincer et égoutter les haricots au moment de les utiliser.

Dans une cocotte, mélanger tous les ingrédients avec les haricots blancs. Couvrir et mettre au four à 120°C (250°F) pendant 5 heures. Remuer une fois par heure. Si le mélange devient trop épais, ajouter un peu d'eau. Servir pour le brunch.

LE SAVIEZ-VOUS?

Les haricots secs se conservent un an, au frais et au sec, dans un contenant étanche. Après, ils deviennent plus difficiles à digérer.

8

BALUCHONS MELON

12 BOUCHÉES

INGRÉDIENTS

4 tranches de prosciutto
60 ml (1/4 tasse) fromage de chèvre
1/2 melon cantaloup
30 ml (2 c. à soupe) menthe fraîche, hachée

PRÉPARATION

Préchauffer le four à 200°C (400°F).

Découper délicatement chaque tranche de prosciutto en trois parts égales afin d'obtenir 12 morceaux. Enfoncer les carrés de prosciutto dans les cavités d'un moule à minimuffins afin de former de petites coupes. Mettre au four et cuire 15 minutes.

Placer un peu de fromage de chèvre dans chacune des petites coupes.

À l'aide d'une cuillère parisienne, former des boules de melon. Déposer une boule de melon dans chacune des coupes. Garnir d'un peu de menthe fraîche et servir les bouchées.

GÂTEAU MILLE ÉTAGES

8 PORTIONS

TRUC DÉCADENT

Pour que ce gâteau se tienne bien, assurez-vous de faire des étages très minces. Une garniture trop généreuse fera glisser les crêpes lors du découpage.

INGRÉDIENTS POUR LA BÉCHAMEL

30 ml (2 c. à soupe) beurre
30 ml (2 c. à soupe) farine
250 ml (1 tasse) lait
1 pincée de muscade moulue
Sel et poivre

INGRÉDIENTS POUR LE GÂTEAU

3 recettes de pâte à crêpes (voir recette page 060)
6 minces tranches de jambon fumé
6 minces tranches de fromage suisse
125 ml (1/2 tasse) compote de pommes maison ou du commerce
Quelques tranches de pomme (finition)
Cassonade (sucre brun) (finition)

PRÉPARATION

Faire 12 crêpes minces environ du même diamètre. Réserver.

Pour la béchamel, dans une petite casserole, faire fondre le beurre, ajouter la farine et cuire le mélange 1 minute. Ajouter 60 ml (1/4 tasse) de lait, puis remuer pour former une pâte homogène. Ajouter le reste du lait graduellement en fouettant sans cesse afin d'éviter la formation de grumeaux. Porter à ébullition sans cesser de remuer. Lorsque le mélange a épaissi, retirer du feu. Incorporer la muscade et assaisonner. Remuer et réserver.

Préchauffer le four à 175°C (350°F).

Pour le montage, sur une plaque recouverte de papier parchemin, monter le gâteau selon les étapes suivantes : une crêpe, deux tranches de jambon, une crêpe, deux tranches de fromage, une crêpe, 30 ml (2 c. à soupe) de compote de pommes, une crêpe, 30 ml (2 c. à soupe) de béchamel.

Répéter cette suite d'ingrédients trois fois. Terminer le gâteau avec la crêpe la mieux réussie. Décorer de quelques tranches de pomme, puis saupoudrer légèrement de cassonade. Cuire 20 minutes au four. Retirer du four, découper en pointes et servir.

PORTOBELLOS RUSTIQUES GARNIS

4 PORTIONS

INGRÉDIENTS POUR LES CHAMPIGNONS

2 cuisses de poulet
1 l (4 tasses) bouillon de poulet
15 ml (1 c. à soupe) huile d'olive
2 échalotes, ciselées
250 ml (1 tasse) sauce tomate maison ou du commerce
2 piments chipotles dans la sauce adobo, hachés
Sel et poivre
30 ml (2 c. à soupe) huile d'olive
15 ml (1 c. à soupe) vinaigre balsamique
4 champignons portobellos, sans le pied
4 tranches de gouda fumé

INGRÉDIENTS POUR LES ŒUFS POCHÉS PANÉS

4 œufs pochés, refroidis (voir « Parfaire son savoir-faire » p. 027)
60 ml (1/4 tasse) farine
1 œuf, battu
125 ml (1/2 tasse) panko (chapelure japonaise)
Huile végétale (friture)
Sel

PRÉPARATION

Dans une casserole, déposer les cuisses de poulet et verser le bouillon. Porter à ébullition. Couvrir et laisser mijoter 30 minutes à feu doux. Retirer le poulet et conserver le bouillon pour une utilisation future. Retirer la peau et, à l'aide de deux fourchettes, effilocher le poulet. Réserver.

Dans une poêle, chauffer l'huile d'olive et faire revenir les échalotes. Ajouter le poulet, la sauce tomate et les piments chipotles. Laisser mijoter 10 à 15 minutes à feu doux ou jusqu'à ce que la sauce soit épaisse et enrobe bien le poulet. Assaisonner.

Préchauffer le four à 175°C (350°F).

Dans un petit bol, combiner l'huile et le vinaigre balsamique. Badigeonner l'extérieur des champignons du mélange d'huile. Placer les champignons, face vers le haut, sur une plaque allant au four. Garnir du mélange de poulet, recouvrir d'une tranche de gouda et cuire 15 minutes au four.

Entretemps, rouler très délicatement les œufs pochés dans la farine, les tremper dans l'œuf battu et les rouler dans le panko. Verser 4 cm (1 1/2 po) d'huile végétale dans une grande casserole. Lorsque l'huile frémit au contact de la chapelure, déposer les œufs et cuire rapidement en les retournant à l'aide d'une cuillère pour les dorer uniformément. Éponger et saler. Déposer un œuf frit sur chaque champignon et servir.

11

POMMES DE TERRE DE LUXE

4 PORTIONS

INGRÉDIENTS POUR LES POMMES DE TERRE

2 pommes de terre Russet
30 ml (2 c. à soupe) huile végétale
1 oignon, ciselé
1/2 poivron rouge, épépiné et coupé en dés
30 ml (2 c. à soupe) thym frais, haché
15 ml (1 c. à soupe) beurre
30 ml (2 c. à soupe) persil frais, haché

INGRÉDIENTS POUR L'ASSAISONNEMENT

2 ml (1/2 c. à thé) paprika doux
1 ml (1/4 c. à thé) piment de Cayenne
1 ml (1/4 c. à thé) poudre d'oignon
1 ml (1/4 c. à thé) poudre d'ail
Sel et poivre

PRÉPARATION

Dans une grande casserole, couvrir les pommes de terre d'eau et porter à ébullition. Laisser mijoter 30 minutes. Égoutter et laisser refroidir. Peler les pommes de terre et les couper en petits cubes de 2 cm (1 po).

Dans un petit bol, mélanger tous les ingrédients de l'assaisonnement et incorporer les cubes de pomme de terre.

Dans une grande poêle antiadhésive, chauffer l'huile et faire revenir l'oignon, le poivron et le thym 3 à 4 minutes. Ajouter les pommes de terre et le beurre, puis laisser cuire sans remuer afin que les pommes de terre colorent. Lorsqu'elles sont dorées, remuer et laisser dorer de l'autre côté. Stopper la cuisson lorsque les pommes de terre sont entièrement dorées et croustillantes. Incorporer le persil et servir en accompagnement.

LE SAVIEZ-VOUS?

Les plus anciennes traces de pomme de terre cultivée ont été retrouvées dans les Andes et datent de 8000 av. J.-C. Ce n'est pourtant qu'au XVIe siècle que la pomme de terre fut introduite en Europe à la suite de la découverte des Amériques.

PÉTONCLES ARTICHAUTS BOUDIN

4 PORTIONS

INGRÉDIENTS

200 g (1/2 paquet) pâte feuilletée du commerce
15 cm (6 po) saucisse de boudin noir
15 ml (1 c. à soupe) beurre
1 échalote, émincée
4 cœurs d'artichaut, coupés en 4
80 ml (1/3 tasse) crème 15 % (légère)
Jus de 1 citron
125 ml (1/2 tasse) petits pétoncles
Sel et poivre
30 ml (2 c. à soupe) persil frais, ciselé

PRÉPARATION

Préchauffer le four à 175°C (350°F).

Sur une surface de travail légèrement farinée, abaisser la pâte feuilletée à 0,5 cm (1/4 po) d'épaisseur. Découper en quatre carrés égaux. Placer sur une plaque à pâtisserie recouverte de papier parchemin et cuire 30 minutes au four.

Pendant que la pâte cuit, placer le boudin dans un plat légèrement huilé et mettre 15 minutes au four afin de le cuire entièrement. Retirer le boudin du four et laisser refroidir. Trancher en rondelles de 1 cm (1/2 po).

Dans une poêle, chauffer le beurre et faire revenir l'échalote 2 minutes à feu moyen. Ajouter les rondelles de boudin et continuer la cuisson 2 minutes sans remuer. Ajouter les cœurs d'artichaut, puis verser la crème et le jus de citron. Ajouter les pétoncles et remuer doucement. Cuire 1 minute, assaisonner et retirer du feu. Incorporer le persil.

Couper chaque carré de pâte feuilletée en deux sur l'épaisseur. Dans une assiette, ouvrir un carré, couvrir la base d'un peu du mélange de boudin et d'artichauts, et refermer avec le deuxième morceau de pâte. Servir.

LE SAVIEZ-VOUS?

Le boudin existe depuis aussi longtemps que les hommes élèvent du bétail pour se nourrir et se vêtir. En fait, la mention la plus ancienne de ce plat se retrouve dans l'Odyssée d'Homère, écrite environ 1150 ans av. J.-C. Quant à la plus ancienne recette écrite de boudin, elle a été retrouvée dans *De re coquinaria* (l'Art culinaire) d'Apicius, qui date du IVe siècle av. J.-C.

LES
BLINTZES

4 PORTIONS

INGRÉDIENTS POUR LA PÂTE À CRÊPES

2 œufs
250 ml (1 tasse) lait
15 ml (1 c. à soupe) sucre
1 pincée de sel
Quelques gouttes d'extrait de vanille
250 ml (1 tasse) farine
15 ml (1 c. à soupe) beurre

INGRÉDIENTS POUR LA FARCE

260 g (1 tasse) ricotta
1 jaune d'œuf
30 ml (2 c. à soupe) sucre
Jus de 1/2 citron
30 ml (2 c. à soupe) beurre, mou
15 ml (1 c. à soupe) beurre, fondu
Coulis de fruits ou sirop d'érable (garniture)

PRÉPARATION

Pour la farce, placer un papier absorbant dans un tamis fin et y verser la ricotta. Couvrir de pellicule plastique et poser une boîte de conserve pleine sur le fromage afin de l'égoutter. Laisser reposer 20 minutes.

Entretemps, pour les crêpes, fouetter les œufs, le lait, le sucre, le sel et la vanille. Ajouter la farine en pluie en fouettant afin d'éviter la formation de grumeaux. Dans une poêle antiadhésive, faire fondre un peu de beurre à feu moyen et cuire quatre crêpes. Ajouter une petite quantité de beurre entre chaque crêpe. Réserver.

Dans un bol, fouetter le fromage égoutté avec le jaune d'œuf, le sucre, le jus de citron et le beurre mou pendant 5 minutes.

Préchauffer le four à 200°C (400°F).

Sur une surface de travail, placer une crêpe et en garnir le centre de 60 ml (1/4 tasse) de farce. Replier la crêpe sur la garniture afin de former un petit baluchon carré. Répéter l'opération avec le reste des ingrédients. Placer les baluchons sur une plaque allant au four, le côté plié de la crêpe contre la plaque. Badigeonner les crêpes de beurre fondu et cuire 15 minutes au four. Servir avec le coulis de fruits ou le sirop d'érable.

BAVETTE & CIE

4 PORTIONS

MARINADE : 2 HEURES

600 g (1 1/2 lb) bavette de veau
Œufs au miroir
Pommes de terre de luxe (voir recette page 056)

INGRÉDIENTS POUR LA MARINADE

60 ml (1/4 tasse) huile d'olive
30 ml (2 c. à soupe) vinaigre balsamique
2 gousses d'ail
4 tomates séchées
3 oignons verts
60 ml (1/4 tasse) persil frais
60 ml (1/4 tasse) basilic frais
Sel et poivre

PRÉPARATION

Pour la marinade, au robot, combiner tous les ingrédients et réduire en purée.

Dans un grand plat, verser la marinade sur la viande et placer au réfrigérateur pour un minimum de 2 heures.

Faire griller la bavette 2 minutes de chaque côté sur le BBQ, ou encore la saisir à la poêle. Laisser reposer la bavette 5 minutes. Émincer finement la viande et la servir avec les œufs au miroir et les pommes de terre de luxe.

POUDING AU PAIN & BACON

6 PORTIONS

INGRÉDIENTS

200 g (8 tranches) bacon, émincé en morceaux
de 1 cm (1/2 po) (lardons)
1 oignon, ciselé
1/2 miche de pain de campagne, coupée en cubes de 2 cm (1 po)
500 ml (2 tasses) fromage gruyère, râpé
5 œufs
60 ml (1/4 tasse) crème 35 % (entière)
250 ml (1 tasse) lait
5 ml (1 c. à thé) moutarde en poudre
Sel et poivre

PRÉPARATION

Dans une poêle, cuire le bacon et l'oignon 5 à 6 minutes ou jusqu'à ce qu'ils soient cuits. Conserver le gras de cuisson.

Dans un grand bol, mélanger les cubes de pain, les oignons, le bacon et son gras, ainsi que le fromage.

Préchauffer le four à 175°C (350°F).

Dans un bol, fouetter les œufs, puis verser la crème, le lait et la moutarde. Assaisonner. Verser le liquide sur le pain et bien mélanger. Patienter 10 minutes, remuer de nouveau, puis verser le mélange dans un plat préalablement huilé allant au four. Cuire 25 minutes au four. Retirer du four et servir.

16

LES TOMATES CONFITES

4 PORTIONS

INGRÉDIENTS

8 tomates italiennes, sans le pédoncule et coupées en 2
4 gousses d'ail, tranchées finement
4 branches de thym frais
4 branches de romarin frais
5 ml (1 c. à thé) sel
5 ml (1 c. à thé) poivre
15 ml (1 c. à soupe) sucre
125 ml (1/2 tasse) huile d'olive

PRÉPARATION

Préchauffer le four à 135°C (275°F).

Sur une plaque allant au four, disposer les tomates, face tranchée vers le haut. Poser une tranche d'ail sur chacune, puis effeuiller les branches de thym et de romarin sur les tomates. Saupoudrer de sel, de poivre et de sucre. Arroser généreusement d'huile d'olive.

Cuire les tomates au four pendant 3 heures.

Servir les tomates entières en accompagnement au brunch. Une option raffinée pour remplacer le ketchup.

LES BÉNÉDICTINES CLASSIQUES

4 PORTIONS

TRUC DÉCADENT

Les variations sur le thème des bénédictines sont infinies : ajoutez-y des asperges blanchies, des champignons sautés, des tranches de fromage suisse, du saumon fumé, du fromage de chèvre, des épinards, du jambon ou même de la viande fumée. Créez une version à votre image.

LE SAVIEZ-VOUS?

Traditionnellement, l'expression «à la bénédictine» désigne des préparations dans lesquelles on retrouve une purée de morue et de pomme de terre.

INGRÉDIENTS POUR LA SAUCE HOLLANDAISE

250 ml (1 tasse) beurre
60 ml (1/4 tasse) eau
4 jaunes d'œufs
Piment de Cayenne
Jus de 1/2 citron
Sel et poivre

INGRÉDIENTS POUR LES ŒUFS BÉNÉDICTINE

200 g (8 tranches) bacon de dos ou régulier (lard fumé maigre)
4 muffins anglais
8 œufs, pochés (voir «Parfaire son savoir-faire» à la page 027)

PRÉPARATION

Pour la sauce, dans une petite casserole, faire fondre le beurre à feu doux. À l'aide d'une cuillère, retirer la matière blanche du beurre qui remonte à la surface. Retirer le beurre du feu et tiédir avant l'utilisation. Le beurre doit rester liquide.

Dans un bol, au bain-marie, fouetter l'eau, les jaunes d'œufs et le piment de Cayenne jusqu'à ce que la texture devienne épaisse et mousseuse. Retirer le bol du bain-marie. Hors du feu, verser le beurre en filet en fouettant vigoureusement sans cesse. Incorporer le jus de citron et assaisonner. Réserver à température ambiante. Réchauffer quelques secondes au bain-marie en fouettant au moment de servir.

Dans une poêle, chauffer les tranches de bacon quelques minutes. Ouvrir les muffins anglais en deux et les griller. Déposer une tranche de bacon par moitié de muffin, ajouter un œuf poché et napper généreusement le tout de sauce hollandaise. Servir deux œufs bénédictine par personne.

TARTE FINE PÊCHE & RICOTTA

4 PORTIONS

INGRÉDIENTS

240 g (1/2 contenant) ricotta
30 ml (2 c. à soupe) sucre
1 ml (1/4 c. à thé) cannelle
200 g (1/2 paquet) pâte feuilletée du commerce
4 pêches fraîches, dénoyautées et coupées en quartiers
Sucre glace (finition)

PRÉPARATION

Placer un papier absorbant au fond d'un tamis fin et y verser la ricotta. Couvrir d'une pellicule plastique et écraser la ricotta à l'aide d'une boîte de conserve afin de bien l'égoutter. Laisser reposer 20 minutes.

Dans un bol, fouetter vigoureusement la ricotta, le sucre et la cannelle 3 à 4 minutes, jusqu'à l'obtention d'un mélange crémeux.

Préchauffer le four à 200°C (400°F).

Sur une surface de travail farinée, abaisser la pâte feuilletée afin de former un carré de 30 cm (12 po). Placer la pâte sur une plaque à pâtisserie légèrement huilée. Étaler le mélange de ricotta sur la pâte, puis garnir des quartiers de pêche. Cuire 30 minutes au four. Saupoudrer de sucre glace, puis découper et servir.

TRUC DÉCADENT

Pour satisfaire votre gourmandise, arrosez votre tarte fine d'un filet de miel.

CEVICHE DES ÎLES FIDJI

4 PORTIONS

INGRÉDIENTS

2 filets de 500 g (1 lb) poisson blanc à chair ferme frais
(flétan, tilapia...), coupés en cubes de 1 cm (1/2 po)
1/2 oignon rouge, émincé très finement
125 ml (1/2 tasse) jus de lime
1/2 piment jalapeño, épépiné et haché finement
125 ml (1/2 tasse) coriandre fraîche, hachée grossièrement
125 ml (1/2 tasse) grains de maïs frais
60 ml (1/4 tasse) lait de coco
Sel et poivre
Croûtons de pain baguette

PRÉPARATION

Dans un bol, mélanger le poisson blanc, l'oignon et le jus de lime.
Couvrir et réserver 2 heures au réfrigérateur.

Égoutter le poisson pour éliminer le surplus de jus de lime et
ajouter tous les autres ingrédients du ceviche, sauf le pain.
Bien mélanger. Assaisonner et laisser reposer encore 1 heure au
réfrigérateur.

Servir frais avec les croûtons de pain baguette.

BEIGNETS BONHEUR

25 BEIGNETS

INGRÉDIENTS

1 pomme, râpée
260 g (1 tasse) ricotta
1 œuf
5 ml (1 c. à thé) jus de citron
1 ml (1/4 c. à thé) cannelle
30 ml (2 c. à soupe) sucre
15 ml (1 c. à soupe) poudre à pâte (levure chimique)
180 ml (3/4 tasse) farine
Huile végétale (friture)
60 ml (1/4 tasse) sucre (finition)

PRÉPARATION

Dans un grand bol, fouetter la pomme, la ricotta, l'œuf, le jus de citron, la cannelle, le sucre et la poudre à pâte. Ajouter la farine en pluie en fouettant afin d'éviter la formation de grumeaux.

Préchauffer le four à 150°C (300°F).

Dans une grande casserole, chauffer 5 cm (2 po) d'huile végétale. Lorsque l'huile frémit au contact de la pâte, à l'aide de cuillères, y déposer des boules de pâte de 15 ml (1 c. à soupe). Prendre soin de ne pas surcharger le bain de friture. Remuer délicatement les beignets afin qu'ils dorent uniformément. Les retirer à l'aide d'une cuillère trouée et les éponger sur du papier absorbant. Placer les beignets au four, sur une plaque, au fur et à mesure qu'ils cuisent. À la sortie du four, saupoudrer de sucre et servir.

LE GRAVLAX MAISON

4 PORTIONS

REPOS : 24 HEURES

TRUC DÉCADENT

Si vous pouvez mettre la main sur du sel fumé, substituez-en 30 ml (2 c. à soupe) au gros sel pour retrouver cet arôme boisé qui vous transporte dans les forêts nordiques.

LE SAVIEZ-VOUS?

Au Moyen-Âge, le gravlax était préparé par les pêcheurs qui salaient d'abord le poisson avant de l'enfouir dans le sable où se produisait la fermentation. Le mot *gravlax* provient du suédois et signifie littéralement «saumon enterré». Servi sur du pain de seigle avec ou sans autres condiments, ce mets se nomme *smorrebrod*.

INGRÉDIENTS POUR LE GRAVLAX

60 ml (1/4 tasse) cassonade (sucre brun)
60 ml (1/4 tasse) gros sel
15 ml (1 c. à soupe) graines de fenouil
60 ml (1/4 tasse) aneth frais, haché
5 ml (1 c. à thé) poivre noir moulu
Zeste de 1 citron
450 g (1 lb) saumon frais sans la peau, pris dans la partie la moins charnue du filet
30 ml (2 c. à soupe) gin

INGRÉDIENTS POUR LA GARNITURE

60 ml (1/4 tasse) crème sure (fraîche épaisse)
15 ml (1 c. à soupe) miel
30 ml (2 c. à soupe) aneth frais, haché
2 ml (1/2 c. à thé) piment d'Espelette (facultatif)
4 tranches de pain de seigle, grillées

PRÉPARATION

Dans un bol, mélanger la cassonade, le gros sel, le fenouil, l'aneth, le poivre et le zeste de citron. Placer une pellicule plastique sur une surface de travail et déposer la moitié du mélange au centre.

Frotter la pièce de saumon avec le gin, puis déposer le saumon sur la pellicule plastique et recouvrir du reste du mélange d'herbes et d'épices. Recouvrir d'une autre pellicule plastique, puis emballer. Placer dans un contenant au réfrigérateur pour 24 heures.

Retirer la couche d'herbes et d'épices du poisson. Rincer le gravlax et bien l'éponger. Placer au réfrigérateur à l'air libre pendant 1 heure. Trancher finement le gravlax.

Dans un bol, combiner la crème sure, le miel, l'aneth et le piment d'Espelette. Bien remuer.

Servir le gravlax sur des tranches de pain de seigle grillées et garnir de crème sure aromatisée.

LES BERLINERS

15 BEIGNETS

INGRÉDIENTS POUR LA PÂTE À BEIGNETS

560 ml (2 1/4 tasses) farine
60 ml (1/4 tasse) sucre
15 ml (1 c. à soupe) levure fraîche (de boulangerie)
1 œuf
40 ml (8 c. à thé) lait
80 ml (1/3 tasse) eau
30 ml (2 c. à soupe) beurre, fondu
Huile végétale (friture)

INGRÉDIENTS POUR LA GARNITURE

125 ml (1/2 tasse) gelée de fraise
60 ml (1/4 tasse) sucre glace

PRÉPARATION

Dans un batteur sur socle muni du crochet, mélanger tous les ingrédients de la pâte à beignets à vitesse moyenne. Laisser pétrir environ 8 minutes ou jusqu'à ce que la pâte soit homogène. Libérer la pâte du crochet et former une boule. Fariner légèrement un bol, déposer la boule de pâte, couvrir et placer dans un endroit chaud environ 1 heure pour doubler le volume de pâte.

Déposer la pâte sur une surface de travail légèrement farinée. Avec un rouleau à pâtisserie, abaisser la pâte à 1 cm (1/2 po) d'épaisseur. Fariner davantage au besoin. À l'aide d'un emporte-pièce rond, détailler des cercles de pâte d'environ 8 cm (3 po) de diamètre et les déposer sur une plaque. Laisser reposer 30 minutes.

Préchauffer l'huile de la friteuse à 160°C (315°F).

Plonger les beignets dans l'huile. Laisser dorer des deux côtés, puis sortir à l'aide d'une cuillère trouée et égoutter sur du papier absorbant. À l'aide d'une baguette, former un petit trou sur le côté de chaque beignet. Verser la gelée de fraise dans une poche à pâtisserie munie d'une petite douille unie. Farcir chacun des beignets de gelée, puis saupoudrer de sucre glace. Déguster.

TRUC DÉCADENT

Si vous n'avez pas de batteur sur socle, faites travailler vos muscles et pétrissez la pâte à la main!

LE SAVIEZ-VOUS?

En Allemagne, ces beignets portent le même nom que les habitants de Berlin : des Berliners.

SALADE DE CREVETTES FRUITÉE

4 PORTIONS

INGRÉDIENTS POUR LA SALADE

250 ml (1 tasse) crevettes nordiques
1 mangue, pelée et coupée en cubes de 1 cm (1/2 po)
1 pomme, coupée en cubes de 1 cm (1/2 po)
1/4 concombre anglais, coupé en cubes de 1 cm (1/2 po)
60 ml (1/4 tasse) coriandre fraîche, hachée
30 ml (2 c. à soupe) graines de sésame
Sel et poivre

INGRÉDIENTS POUR LA VINAIGRETTE

15 ml (1 c. à soupe) vinaigre de riz
Jus de 1 lime
5 ml (1 c. à thé) huile de sésame
60 ml (1/4 tasse) huile végétale

PRÉPARATION

Dans un saladier, combiner tous les ingrédients de la salade.

Dans un petit bol, combiner tous les ingrédients de la vinaigrette. Bien remuer et verser sur la salade. Bien touiller, rectifier l'assaisonnement et servir.

MOUSSE DE FOIE DE VOLAILLE

6 PORTIONS OU 450 G

REPOS : 2 À 3 HEURES

INGRÉDIENTS

15 ml (1 c. à soupe) beurre
4 foies de volaille
2 échalotes, émincées
60 ml (1/4 tasse) porto blanc
125 ml (1/2 tasse) raisins rouges
5 ml (1 c. à thé) vinaigre de xérès
80 ml (1/3 tasse) beurre froid, coupé en cubes
Sel et poivre

PRÉPARATION

Dans une poêle, chauffer le beurre, déposer les foies de volaille et laisser cuire 1 à 2 minutes sans y toucher afin de les colorer. Ajouter les échalotes, retourner les foies de volaille et continuer la cuisson 1 à 2 minutes. Déglacer au porto blanc et ajouter les raisins. Ajouter le vinaigre et cuire 4 à 5 minutes à feu doux. Retirer du feu et laisser tiédir 15 minutes.

Au robot ou à l'aide d'un pied-mélangeur, broyer le mélange de foie et son jus jusqu'à l'obtention d'une purée lisse. Ajouter les cubes de beurre un à un en laissant le robot en marche. Assaisonner.

Pour faciliter le démoulage de la mousse, recouvrir d'abord de pellicule plastique un grand moule ou plusieurs petits moules. Verser ensuite la mousse dans le ou les moules. Recouvrir d'une pellicule plastique directement sur la mousse afin d'éviter tout contact avec l'air.

Placer au réfrigérateur 2 à 3 heures afin que la mousse fige. Servir avec du pain frais ou des croûtons.

TRUC DÉCADENT

Pour une présentation originale, verser le mélange dans de petites tasses à expresso. Recouvrez-les d'une pellicule plastique et placez-les au réfrigérateur jusqu'à ce que la mousse fige.

LA STRATA DE LA MER

6 PORTIONS

REPOS : 2 HEURES

INGRÉDIENTS

12 minces asperges vertes
1/2 pain carré blanc, tranché et sans la croûte
125 ml (1/2 tasse) fromage à la crème (fromage à tartiner)
10 tranches de saumon fumé
250 ml (1 tasse) cheddar fort, râpé
5 œufs
250 ml (1 tasse) crème 15 % (légère)
15 ml (1 c. à soupe) moutarde de Dijon
Sel et poivre

PRÉPARATION

Avec les mains, casser les asperges afin d'éliminer le tiers inférieur trop coriace. L'asperge se cassera naturellement au bon endroit.

Recouvrir un moule à pain de papier parchemin. Garnir les tranches de pain de fromage à la crème et déposer, fromage vers le haut, en une couche au fond du moule. Garnir d'asperges, puis couvrir d'un étage de pain au fromage à la crème. Couvrir ensuite de tranches de saumon fumé, ajouter un autre étage de pain au fromage à la crème et garnir des asperges restantes. Terminer avec une couche de pain nature. Couvrir de cheddar râpé.

Dans un bol, fouetter les œufs, la crème et la moutarde. Assaisonner. Verser le mélange sur le pain. Couvrir et réfrigérer au moins 2 heures ou toute une nuit. Cuire 1 heure au four à 175°C (350°F). Démouler, trancher et déguster.

LE SAVIEZ-VOUS?

Le terme «strata» signifie littéralement «couches, strates». Le nom parfait pour ce plat!

CHIC BÉNÉDICTINE AU SAUMON

2 PORTIONS

INGRÉDIENTS

8 asperges
15 ml (1 c. à soupe) beurre, fondu
30 ml (2 c. à soupe) aneth frais, haché finement
30 ml (2 c. à soupe) ciboulette, hachée finement
Sel et poivre
4 œufs
2 muffins anglais
8 tranches de saumon fumé
1 recette de sauce hollandaise (voir recette page 070)

PRÉPARATION

Avec les mains, casser les asperges afin d'éliminer le tiers inférieur trop coriace. L'asperge se cassera naturellement au bon endroit. Blanchir les asperges 2 à 3 minutes dans l'eau bouillante. Laisser refroidir et réserver.

Découper des carrés de pellicule plastique de 15 cm (6 po). Badigeonner le centre de la pellicule d'un peu de beurre fondu. Saupoudrer la surface beurrée d'aneth et de ciboulette hachée. Assaisonner. Déposer délicatement un carré de pellicule plastique dans un petit bol et enfoncer doucement le centre de la pellicule dans le contenant. Casser un oeuf dans la pellicule plastique, puis rassembler les bords pour former un petit baluchon compact. Bien attacher le baluchon avec un peu de ficelle. Répéter avec tous les carrés de pellicule plastique. Réserver.

Porter une casserole d'eau à ébullition. Plonger les baluchons d'œuf dans l'eau bouillante. Laisser mijoter 3 minutes 30 secondes. Égoutter et laisser reposer 1 minute.

Couper les asperges en deux et les réchauffer rapidement au four à micro-ondes. Ouvrir et griller les muffins anglais. Garnir chaque moitié de muffin d'asperges et de saumon fumé. Couper la ficelle de chaque baluchon et renverser délicatement l'œuf sur le saumon fumé. Napper de sauce hollandaise. Servir deux œufs bénédictine par personne.

TRUC DÉCADENT

Formez vos petits baluchons à l'avance pour éviter les maladresses fréquentes lorsqu'on cuisine à la dernière minute. Pensez également à ajouter une généreuse dose de citron dans la sauce hollandaise. Cet agrume se marie parfaitement aux asperges et au saumon fumé.

GLOIRE AUX MUFFINS

12 PORTIONS

TRUC DÉCADENT

Pour faire une purée de citrouille, couper la citrouille en deux, retirer les graines et placer la face coupée sur une plaque à pâtisserie. Cuire 40 minutes au four à 175°C (350°F). Retirer la chair à la cuillère, puis la passer au robot culinaire jusqu'à l'obtention d'une purée lisse.

INGRÉDIENTS POUR LES MUFFINS

500 ml (2 tasses) farine
15 ml (1 c. à soupe) poudre à pâte (levure chimique)
5 ml (1 c. à thé) bicarbonate de soude
1 ml (1/4 c. à thé) sel
1 banane bien mûre, réduite en purée
250 ml (1 tasse) purée de citrouille maison ou du commerce (type E. D. Smith)
1 œuf
125 ml (1/2 tasse) miel
60 ml (1/4 tasse) beurre
2 ml (1/2 c. à thé) cannelle
125 ml (1/2 tasse) pépites de chocolat mi-sucré

INGRÉDIENTS POUR LE CRUMBLE AUX NOIX DE GRENOBLE

250 ml (1 tasse) noix de Grenoble (cerneaux de noix), rôties et hachées
80 ml (1/3 tasse) cassonade (sucre brun)
125 ml (1/2 tasse) farine
45 ml (3 c. à soupe) beurre, fondu

PRÉPARATION

Dans un grand bol, combiner la farine, la poudre à pâte, le bicarbonate de soude et le sel. Former un puits au centre et ajouter la purée de banane, la purée de citrouille, l'œuf, le miel, le beurre et la cannelle. Remuer à l'aide d'une cuillère de bois afin d'obtenir un mélange homogène. Incorporer les pépites de chocolat.

Répartir la préparation dans un moule à muffins préalablement huilé. Remplir les cavités du moule jusqu'à 0,5 cm (1/4 po) du bord.

Préchauffer le four à 200°C (400°F).

Pour le crumble, dans un grand bol, mélanger les noix, la cassonade et la farine. Verser le beurre fondu et remuer avec une fourchette afin d'obtenir un mélange granuleux. Répartir le crumble sur les muffins et l'enfoncer légèrement dans la pâte. Mettre au four et cuire 18 à 20 minutes ou jusqu'à ce qu'un cure-dents inséré au centre d'un muffin en ressorte propre. Démouler et servir.

28

LES GAUFRES

8 PORTIONS

TRUC DÉCADENT

Une fois vos gaufres cuites, garnissez-les de jambon et de fromage, puis passez-les rapidement au four avant de les napper de compote de poires. Un pur délice!

LE SAVIEZ-VOUS?

On associe souvent les gaufres à la Belgique et on en distingue deux types : la gaufre de Bruxelles, plus grande et rectangulaire, et la gaufre de Liège, plus petite et arrondie. Celle-ci comporte aussi des morceaux de sucre qui croquent délicieusement sous la dent.

INGRÉDIENTS POUR LA COMPOTE DE POIRES

4 poires, pelées, sans le cœur et coupées en 4
60 ml (1/4 tasse) sirop d'érable
5 ml (1 c. à thé) jus de citron
30 ml (2 c. à soupe) beurre

INGRÉDIENTS POUR LES GAUFRES

2 œufs
500 ml (2 tasses) lait
125 ml (1/2 tasse) beurre, fondu
500 ml (2 tasses) farine
60 ml (1/4 tasse) sucre
10 ml (2 c. à thé) poudre à pâte (levure chimique)
Sel
5 ml (1 c. à thé) extrait de vanille

PRÉPARATION

Dans une petite casserole, placer tous les ingrédients de la compote. Cuire 30 minutes à feu doux en remuant de temps à autre. À l'aide d'un pied-mélangeur, broyer le tout afin d'obtenir une compote lisse. Réserver.

Pour les gaufres, séparer les jaunes des blancs d'œufs. Chauffer le lait 30 secondes au four à micro-ondes.

Dans un bol, fouetter le lait et les jaunes d'œufs. Incorporer le beurre fondu, puis verser la farine en pluie en fouettant sans cesse. Ajouter le sucre, la poudre à pâte, le sel et la vanille. Bien remuer pour obtenir un mélange homogène.

Dans un autre bol, fouetter les blancs d'œufs en neige jusqu'à l'obtention de pics mous. Incorporer les blancs d'œufs au mélange précédent en pliant délicatement à l'aide d'une maryse. Frotter le gaufrier avec une petite quantité de beurre, puis y verser la pâte. La quantité de pâte dépendra de la taille du gaufrier. Cuire jusqu'à l'obtention d'une gaufre dorée et croustillante. Servir avec la compote de poires.

29

MINIQUICHES CRABE & MASCARPONE

12 PORTIONS

INGRÉDIENTS

15 ml (1 c. à soupe) huile d'olive
4 oignons verts, émincés
120 g (1 boîte) chair de crabe en conserve ou surgelée
125 ml (1/2 tasse) grains de maïs
125 ml (1/2 tasse) mascarpone
8 œufs
Sel et poivre
1 abaisse de pâte brisée maison ou du commerce

PRÉPARATION

Dans une petite poêle, chauffer l'huile et faire revenir les oignons verts 3 à 4 minutes. Dans un bol, combiner le crabe, les oignons verts et le maïs. Réserver.

Dans un autre bol, fouetter le mascarpone et les œufs. Assaisonner et réserver.

Préchauffer le four à 175°C (350°F).

Sur une surface farinée, abaisser la pâte à 0,5 cm (1/4 po) d'épaisseur. À l'aide d'un emporte-pièce, découper des cercles d'environ 10 cm (4 po) de diamètre dans la pâte. Enfoncer délicatement les cercles de pâte dans les cavités d'un moule à muffins préalablement huilé. Disposer la garniture de crabe et d'oignons dans les tartelettes, puis couvrir du mélange d'œufs.

Cuire au four sur la grille inférieure durant 25 à 30 minutes. Démouler et servir.

TRUC DÉCADENT

Vous pouvez bien sûr confectionner une seule grande tarte au lieu des tartelettes. Le temps de cuisson sera alors plutôt de 30 à 40 minutes.

LE GRANOLA

1 LITRE

INGRÉDIENTS

500 ml (2 tasses) flocons d'avoine
125 ml (1/2 tasse) graines de tournesol
30 ml (2 c. à soupe) graines de lin
60 ml (1/4 tasse) noix de coco râpée non sucrée
30 ml (2 c. à soupe) son de blé
1 pincée de sel
60 ml (1/4 tasse) huile de tournesol
60 ml (1/4 tasse) miel
500 ml (2 tasses) fruits secs, hachés (raisins, abricots, mangues, dattes, kiwis, bananes, papayes, ananas, canneberges, etc.)

PRÉPARATION

Préchauffer le four à 165°C (325°F).

Dans un bol, bien mélanger tous les ingrédients sauf les fruits secs. Étaler sur une plaque à pâtisserie recouverte de papier parchemin. Mettre au four pendant environ 30 minutes ou jusqu'à ce que le mélange soit sec et légèrement doré.

À la sortie du four, laisser refroidir sur la plaque.

Lorsque le tout est complètement refroidi, ajouter les fruits secs et bien remuer. Verser dans un bocal hermétique. Servir dans un petit bol ou un verre, accompagné de yogourt et de fruits frais pour ajouter une touche rafraîchissante à votre brunch!

TRUC DÉCADENT

Ajoutez des noix concassées (amandes, pacanes, avelines...) au mélange de céréales avant de le faire sécher au four pour mettre une touche de croquant dans votre granola!

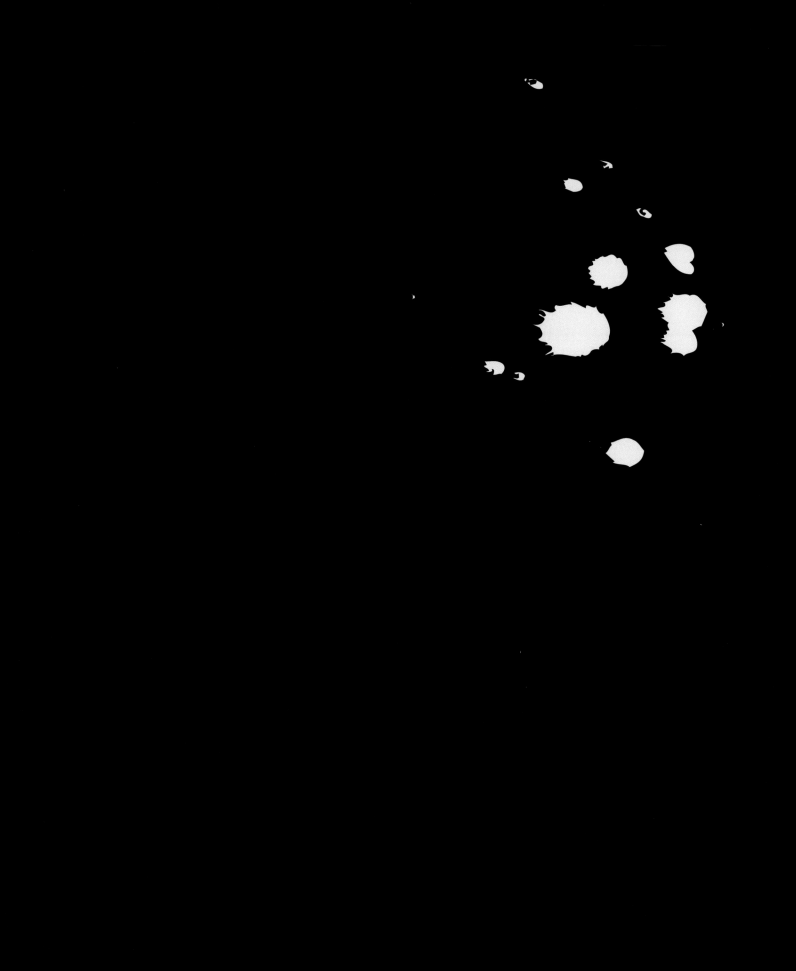

31

BLINIS GARNIS

20 BLINIS

INGRÉDIENTS POUR LES BLINIS

1 œuf
180 ml (3/4 tasse) yogourt nature
60 ml (1/4 tasse) lait
180 ml (3/4 tasse) farine
5 ml (1 c. à thé) poudre à pâte (levure chimique)
Sel
15 ml (1 c. à soupe) beurre

INGRÉDIENTS POUR LA GARNITURE

10 œufs de caille
60 ml (1/4 tasse) fromage à la crème (fromage à tartiner)
10 tranches de saumon fumé, coupées en 2
30 ml (2 c. à soupe) œufs de poisson au choix (lompe, esturgeon, saumon, etc.)
Piment d'Espelette
Fleur de sel

PRÉPARATION

Dans un bol, fouetter l'œuf, le yogourt et le lait. Ajouter la farine, puis la poudre à pâte en fouettant. Saler et réfrigérer au moins 30 minutes.

Porter une petite casserole d'eau à ébullition. Déposer délicatement les œufs de caille dans l'eau à l'aide d'une cuillère trouée. Laisser mijoter 4 minutes à feu doux, puis égoutter et plonger dans l'eau glacée. Écaler les œufs et les couper en deux.

Chauffer une poêle antiadhésive à feu moyen et l'enduire d'un peu de beurre à l'aide d'un papier absorbant. Verser 15 ml (1 c. à soupe) de pâte à blinis afin de former un petit cercle. Cuire 1 à 2 minutes ou jusqu'à ce qu'il soit doré, puis le retourner pour le cuire uniformément. Répéter pour tout le mélange.

Étaler un peu de fromage à la crème sur chaque blini. Garnir d'une demi-tranche de saumon fumé, de 1 ml (1/4 c. à thé) d'œufs de poisson et d'un demi-œuf de caille. Assaisonner l'œuf avec le piment d'Espelette et la fleur de sel. Servir.

LE SAVIEZ-VOUS?

Les blinis étaient traditionnellement préparés pour Maslenitsa, un festival célébrant le soleil et l'arrivée du printemps. La forme ronde de ces crêpes russes évoquait d'ailleurs l'astre solaire.

FRIANDISES TROPICALES

32

16 FRIANDISES

INGRÉDIENTS POUR LE BISCUIT

60 ml (1/4 tasse) beurre
160 ml (2/3 tasse) lait concentré sucré
60 biscuits sablés au beurre, broyés
250 ml (1 tasse) noix de coco râpée non sucrée
500 ml (2 tasses) fruits secs, hachés grossièrement (abricots, mangues, ananas, papayes)
45 ml (3 c. à soupe) jus de citron

INGRÉDIENTS POUR LE GLAÇAGE AU CITRON

30 ml (2 c. à soupe) beurre, fondu
20 ml (2 c. à soupe) eau, chaude
45 ml (3 c. à soupe) jus de citron
750 ml (3 tasses) sucre glace
125 ml (1/2 tasse) fruits secs, hachés grossièrement

PRÉPARATION

Dans une casserole, porter le beurre et le lait concentré à ébullition. Retirer du feu et ajouter les miettes de biscuits, la noix de coco, les fruits secs et le jus de citron. Bien mélanger. Verser la préparation dans un moule carré de 22 cm (9 po) recouvert de pellicule plastique. Bien presser le mélange afin qu'il soit le plus compact possible. Réfrigérer jusqu'à ce que le biscuit ait pris.

Dans un bol, à l'aide d'un fouet, combiner tous les ingrédients du glaçage à l'exception des fruits secs. Lorsque le mélange est homogène, ajouter les fruits et mélanger. Glacer le biscuit. Remettre au réfrigérateur afin que le glaçage se fige. Découper en petits carrés et déguster.

LE SANDWICH DU KING

4 PORTIONS

INGRÉDIENTS

200 g (8 tranches) bacon (lard fumé maigre)
8 tranches de pain carré blanc
4 tranches de fromage cheddar fort
2 bananes, coupées en rondelles
60 ml (1/4 tasse) beurre d'arachide
60 ml (1/4 tasse) beurre, mou

PRÉPARATION

Au four, placer les tranches de bacon sur une plaque et cuire 10 minutes à 175°C (350°F). Éponger sur du papier absorbant et réserver.

Sur une surface de travail, placer quatre tranches de pain, garnir de tranches de fromage, de rondelles de banane et de tranches de bacon. Badigeonner les quatre autres tranches de pain de beurre d'arachide.

Refermer les sandwichs, puis badigeonner les faces extérieures de beurre. Cuire à la poêle pendant quelques minutes de chaque côté afin de les dorer. Découper chaque sandwich en triangles et servir.

TRUC DÉCADENT

Remplacez le pain blanc par du pain brioché pour passer à un niveau supérieur en matière de brunch gourmand.

LE SAVIEZ-VOUS?

Le *grilled cheese* serait une version simplifiée du *welsh rarebit* britannique, un plat composé de pain grillé recouvert de jambon et de sauce au fromage.

VARIATIONS SUR LES BULLES

1 PORTION PAR RECETTE

LE SAVIEZ-VOUS?

Pour faire les bulles dans le champagne, on ajoute une certaine quantité de sucre et de levures dans chaque bouteille. Les levures fermentent et transforment le sucre en alcool, processus qui relâche du gaz carbonique, qui à son tour exerce une pression sur le bouchon de la bouteille. C'est pour cette raison qu'on le sécurise avec une capsule métallique.

Les levures mortes (les lies) qui se déposent au fond de la bouteille de champagne sont aujourd'hui retirées avant la mise en marché, mais autrefois, on ne les enlevait pas. Le champagne était donc servi carafé.

LE MIMOSA CLASSIQUE

60 ml (1/4 tasse) jus d'orange
60 ml (1/4 tasse) mousseux

LE MIMOSA LITCHI & PAMPLEMOUSSE

15 ml (1 c. à soupe) liqueur de litchi
30 ml (2 c. à soupe) jus de pamplemousse
1 litchi en conserve, rincé
60 ml (1/4 tasse) mousseux

MOUSSEUX, FRAISES & BASILIC

3 fraises fraîches, équeutées et coupées en quartiers
1 feuille de basilic frais, hachée
90 ml (6 c. à soupe) mousseux

COCKTAIL PÊCHE & FRAMBOISES

15 ml (1 c. à soupe) liqueur de pêche
5 framboises fraîches, écrasées
90 ml (6 c. à soupe) mousseux

PRÉPARATION

Verser tous les ingrédients, sauf le mousseux, dans des flûtes ou des verres à pied. Ajouter le mousseux uniquement au moment de servir. Déguster avec un bon brunch.

L'OMELETTE PARFAITE

1 PORTION

INGRÉDIENTS

3 œufs
Sel et poivre
15 ml (1 c. à soupe) persil frais, haché
5 ml (1 c. à thé) ciboulette, hachée
2 ml (1/2 c. à thé) thym frais, haché
15 ml (1 c. à soupe) beurre
15 ml (1 c. à soupe) fromage gruyère, râpé
15 ml (1 c. à soupe) fromage mozzarella, râpé
5 ml (1 c. à thé) fromage de chèvre, émietté

PRÉPARATION

Dans un bol, fouetter les œufs 30 secondes. Assaisonner et ajouter les fines herbes. Fouetter encore de 30 secondes à 1 minute.

Dans une petite poêle antiadhésive, faire fondre le beurre à feu moyen. Lorsqu'il mousse, y verser le mélange d'œufs. Ne pas remuer pendant 5 secondes, puis, avec une maryse, mélanger les œufs rapidement. Laisser figer l'omelette quelques secondes.

Disposer les trois fromages au centre de l'omelette et, une fois qu'elle est presque figée, à l'aide de la maryse, la replier en deux. Ne pas trop cuire l'omelette. Elle doit être baveuse, mais pas liquide. Renverser l'omelette dans une assiette et servir avec l'accompagnement de votre choix.

LE SAVIEZ-VOUS?

L'expression française « On ne fait pas d'omelette sans casser des œufs » signifie qu'on n'obtient rien sans un minimum d'efforts ou de sacrifices.

ŒUFS BROUILLÉS EN BOUCHÉES

2 PORTIONS

INGRÉDIENTS

2 pains pitas
4 œufs
15 ml (1 c. à soupe) beurre
Sel et poivre
15 ml (1 c. à soupe) crème 35 % (entière)
2 tranches de féta de 1 cm (1/2 po) d'épaisseur
60 ml (1/4 tasse) noix de Grenoble (cerneaux de noix), rôties
250 ml (1 tasse) aneth frais, coupé en petits bouquets

PRÉPARATION

Découper chaque pain pita en neuf morceaux. Réserver.

Dans un petit bol, fouetter les œufs vigoureusement pendant 1 minute.

Dans une poêle, faire fondre le beurre à feu moyen, puis verser les œufs. Remuer continuellement avec une cuillère de bois jusqu'à ce que les oeufs soient entièrement cuits. Assaisonner. Retirer du feu, puis verser la crème et remuer énergiquement quelques secondes.

Garnir généreusement chaque morceau de pita d'œufs brouillés, de féta, de noix de Grenoble et d'aneth. Rouler et déguster.

GÂTEAU CARAMEL CANNELLE

8 PORTIONS

 LE SAVIEZ-VOUS?

Si vous n'avez pas de moule à cheminée, utilisez un moule à charnière et placez un ramequin au centre. N'oubliez pas de beurrer aussi le ramequin.

INGRÉDIENTS POUR LA GARNITURE

15 ml (1 c. à soupe) cannelle
10 ml (2 c. à thé) extrait de vanille
125 ml (1/2 tasse) noix de Grenoble (cerneaux de noix), hachées grossièrement
8 cubes de caramel du commerce, coupés en 4
125 ml (1/2 tasse) sucre

INGRÉDIENTS POUR LE GÂTEAU

500 ml (2 tasses) farine
10 ml (2 c. à thé) poudre à pâte (levure chimique)
5 ml (1 c. à thé) bicarbonate de soude
1 ml (1/4 c. à thé) sel
125 ml (1/2 tasse) beurre, tempéré et coupé en cubes
250 ml (1 tasse) sucre
2 œufs
250 ml (1 tasse) crème sure (fraîche épaisse)

PRÉPARATION

Dans un bol, combiner tous les ingrédients de la garniture. Réserver.

Pour le gâteau, beurrer un moule à cheminée. Dans un bol, combiner la farine, la poudre à pâte, le bicarbonate de soude et le sel. Réserver.

Préchauffer le four à 175°C (350°F).

Dans un autre bol, au batteur électrique, fouetter le beurre, le sucre et les œufs jusqu'à l'obtention d'un mélange onctueux. Incorporer, en les alternant, le mélange d'ingrédients secs et la crème sure. Verser la moitié de la pâte dans le moule, puis garnir de la moitié de la garniture. Verser le reste de la pâte et le reste de la garniture par-dessus. Cuire 30 à 35 minutes au centre du four ou jusqu'à ce qu'un cure-dents inséré au centre du gâteau en ressorte propre. Trancher et servir.

38

PANETTONE PERDU

4 PORTIONS

INGRÉDIENTS

125 ml (1/2 tasse) lait
60 ml (1/4 tasse) cassonade (sucre brun)
3 œufs
1 ml (1/4 c. à thé) extrait de vanille
1 ml (1/4 c. à thé) cannelle
30 ml (2 c. à soupe) beurre
4 panettones individuels, coupés en 2

PRÉPARATION

Dans un grand bol, combiner tous les ingrédients sauf le beurre et les panettones, et bien fouetter.

Préchauffer le four à 175°C (350°F).

Faire fondre le beurre dans une grande poêle antiadhésive. Plonger les demi-panettones dans la pâte à pain perdu pendant quelques secondes. Poser le côté plat dans la poêle et cuire 1 à 2 minutes à feu moyen afin de le dorer. Retourner les panettones et dorer aussi bien que possible le côté arrondi. Terminer la cuisson 5 minutes sur une plaque au four.

Servir les panettones perdus avec de la crème fraîche, des quartiers de clémentine, du caramel ou encore de la crème glacée à la vanille.

LE SAVIEZ-VOUS?

Chaque année, au mois de décembre seulement, près de 200 millions de ces gâteaux sont fabriqués en Italie.

LE BON JAMBON MAISON

12 PORTIONS

39

INGRÉDIENTS

60 ml (1/4 tasse) miel
250 ml (1 tasse) jus de pomme
125 ml (1/2 tasse) cassonade (sucre brun)
2 ml (1/2 c. à thé) clou de girofle moulu
2 ml (1/2 c. à thé) poivre noir moulu
2 feuilles de laurier
1 jambon dans l'épaule, avec l'os, d'environ 3 kg (6 1/2 lb)
341 ml (1 bouteille) bière brune

PRÉPARATION

Dans une petite casserole, verser le miel, le jus de pomme et la cassonade. Ajouter le clou de girofle, le poivre et le laurier. Porter à ébullition et laisser mijoter 8 à 10 minutes ou jusqu'à ce que le mélange épaississe et forme un caramel.

À l'aide d'un petit couteau, faire des incisions en croisillons sur la surface du jambon.

Placer le jambon dans un plat allant au four et l'arroser de bière. Badigeonner le jambon de caramel.

Couvrir et cuire 1 h 30 min au four à 150°C (300°F). Retirer le couvercle et poursuivre la cuisson 1 heure en arrosant fréquemment le jambon de son jus de cuisson et en le badigeonnant de caramel. Trancher et servir pour le brunch.

 TRUC DÉCADENT

Remplacez le miel et la cassonade par 250 ml (1 tasse) de sirop d'érable. Une variante typiquement québécoise!

LE SAVIEZ-VOUS?

Autrefois, le jambon était réservé aux occasions spéciales. Sous l'Empire romain, on le retrouvait sur la table des empereurs.

BOUCHÉES CHÈVRE & FRUITS

12 BOUCHÉES

INGRÉDIENTS

125 ml (1/2 tasse) fromage de chèvre
60 ml (1/4 tasse) pistaches écalées, rôties et hachées
60 ml (1/4 tasse) canneberges séchées, hachées finement
15 ml (1 c. à soupe) miel

PRÉPARATION

Pour éviter que le fromage colle, mouiller légèrement les mains avant de façonner des petites boules de fromage. Les placer dans une assiette au réfrigérateur afin qu'elles durcissent.

Dans un bol, combiner les pistaches et les canneberges. Verser dans une assiette et rouler les petites boules de fromage dans le mélange.

Servir les bouchées avec des cure-dents et arrosées d'un filet de miel.

Une option plus conviviale consiste à former un seul cylindre ou une grosse boule de fromage et à la rouler dans le mélange de pistaches et canneberges. Servir avec des croûtons.

TRIO TREMPETTE

4 PORTIONS

LE SAVIEZ-VOUS?

Il existe une petite différence entre l'œuf à la coque et l'œuf mollet : le premier est cuit assez rapidement pour que le jaune reste liquide et que le blanc soit encore un peu baveux, le second est cuit un peu plus longtemps pour que le jaune soit coulant, mais le blanc bien cuit.

4 œufs
30 ml (2 c. à soupe) vinaigre

INGRÉDIENTS POUR LES PAILLES PARMESAN ET TRUFFE

1 jaune d'œuf
Sel et poivre
5 ml (1 c. à thé) huile de truffe
200 g (1/2 paquet) pâte feuilletée du commerce
60 ml (1/4 tasse) parmesan frais, râpé finement

INGRÉDIENTS POUR LA TREMPETTE AUX ARTICHAUTS

4 cœurs d'artichaut, rincés et égouttés
15 ml (1 c. à soupe) romarin frais, effeuillé
60 ml (1/4 tasse) huile d'olive
Sel et poivre

PRÉPARATION

Préchauffer le four à 200°C (400°F).

Pour les pailles, dans un bol, fouetter le jaune d'œuf, le sel, le poivre et l'huile de truffe.

Sur une surface de travail légèrement farinée, abaisser la pâte feuilletée en un carré de 0,5 cm (1/4 po) d'épaisseur. Badigeonner la pâte du mélange d'œuf. Saupoudrer de parmesan. Découper la pâte en bandes de 1 cm (1/2 po). Tordre les bandes et les déposer côte à côte sur une plaque recouverte de papier parchemin. Cuire 30 minutes au four ou jusqu'à ce que les pailles soient bien dorées. Laisser refroidir sur une grille.

Pour la trempette, au robot culinaire, combiner les artichauts et le romarin. Broyer jusqu'à l'obtention d'une purée lisse, puis verser l'huile en filet en laissant le robot en marche afin d'obtenir une trempette onctueuse. Assaisonner. Réserver.

Pour cuire les œufs à la coque, tempérer d'abord les œufs. Porter une grande casserole d'eau à ébullition, ajouter le vinaigre, puis immerger les œufs délicatement dans l'eau. Laisser mijoter 4 minutes à feu doux. Égoutter et, à l'aide d'un petit couteau, décalotter le haut de chaque œuf. Déposer dans des coquetiers et accompagner des pailles et de la trempette aux artichauts.

42

GALETTE DU PÊCHEUR

4 PORTIONS

LE SAVIEZ-VOUS?

Au départ, le terme «sarrasin», tiré de l'arabe *charqîyin* («orientaux»), désignait les musulmans en général. À partir de 1080, une nouvelle céréale a fait son apparition en France. On la nomma «blé sarrasin» en raison de la couleur foncée de ses grains. Avec le temps, on ne la désigna plus que par le mot «sarrasin».

Au Québec, les fameuses crêpes au sarrasin nappées de mélasse constituaient un dessert économique très populaire durant les temps difficiles.

INGRÉDIENTS POUR LA PÂTE À CRÊPES

2 œufs
375 ml (1 1/2 tasse) lait
250 ml (1 tasse) farine de sarrasin
1 ml (1/4 c. à thé) sel
30 ml (2 c. à soupe) beurre, fondu

INGRÉDIENTS POUR LA GARNITURE

15 ml (1 c. à soupe) beurre
4 œufs
8 tranches de gouda
125 ml (1/2 tasse) crevettes nordiques
8 feuilles de basilic frais, hachées

PRÉPARATION

Dans un grand bol, fouetter les œufs et le lait. Ajouter la farine en pluie en fouettant sans cesse afin d'éviter la formation de grumeaux. Ajouter le sel et le beurre fondu. Bien mélanger. Laisser reposer au moins 30 minutes au réfrigérateur.

Préchauffer le four à 150°C (300°F).

Enduire une grande poêle antiadhésive de beurre à l'aide d'un papier absorbant et chauffer à feu moyen. Verser une petite quantité du mélange à crêpe et incliner la poêle en la tournant afin d'étaler la pâte en une mince crêpe. Ne pas retourner la crêpe. Casser un œuf au centre et le mélanger délicatement. Couvrir ensuite de fromage, de crevettes et de basilic. Replier les quatre côtés de la crêpe vers le centre afin de former un carré. Terminer la cuisson de la crêpe garnie au four, sur une plaque, pendant la préparation des autres crêpes. Répéter les opérations pour le reste des ingrédients. Servir chaud.

43

ACCORDÉON BRIOCHÉ

6 PORTIONS

INGRÉDIENTS POUR LA PÂTE À PAIN BRIOCHÉ

30 ml (2 c. à soupe) beurre non salé
125 ml (1/2 tasse) lait
11 ml (2 1/4 c. à thé) levure instantanée
60 ml (1/4 tasse) sucre
1 banane bien mûre, réduite en purée
5 ml (1 c. à thé) sel
625 ml (2 1/2 tasses) farine

INGRÉDIENTS POUR LA GARNITURE

250 ml (1 tasse) cassonade (sucre brun)
10 ml (2 c. à thé) cannelle
60 ml (1/4 tasse) beurre, fondu

PRÉPARATION

Dans une poêle, faire fondre le beurre et cuire jusqu'à ce qu'il devienne légèrement doré. Retirer du feu et verser le lait dans la poêle. Le lait doit être tiède. Ajouter la levure et le sucre et laisser reposer 10 minutes afin d'activer la levure.

Transférer le mélange dans un bol et ajouter la purée de banane, le sel et 500 ml (2 tasses) de farine. Pétrir le mélange pendant 8 minutes, jusqu'à ce qu'il soit élastique et légèrement humide. Si la pâte est trop collante, ajouter la farine 15 ml (1 c. à soupe) à la fois. Placer la pâte dans un bol légèrement huilé, couvrir et laisser reposer 1 h 30 min dans un endroit chaud.

Dans un petit bol, mélanger la cassonade et la cannelle.

Préchauffer le four à 175°C (350°F).

Sur une surface de travail farinée, pétrir la pâte 30 secondes, puis l'abaisser avec un rouleau à pâtisserie afin de former un rectangle de 40 cm x 30 cm (16 po x 12 po). Badigeonner la surface de beurre fondu, puis saupoudrer de cassonade à la cannelle.

Couper quatre bandes de pâte de 10 cm x 30 cm (4 po x 12 po) et les superposer l'une sur l'autre. Couper ensuite en trois carrés de 10 cm (4 po) et les superposer les uns sur les autres. Placer les carrés de pâte empilés à l'horizontale dans un moule à pain de 10 cm x 20 cm (4 po x 8 po) beurré. Couvrir d'un linge et laisser reposer 30 minutes dans un endroit chaud. Cuire 30 à 40 minutes au four ou jusqu'à ce que le pain soit bien doré. Démouler et badigeonner du reste de beurre fondu. Servir.

LES DATTES FARCIES

8 DATTES

INGRÉDIENTS

8 dattes Medjool
30 ml (2 c. à soupe) fromage de chèvre
8 pacanes (noix de pécan), rôties
100 g (4 tranches) bacon (lard fumé maigre)
15 ml (1 c. à soupe) huile d'olive
15 ml (1 c. à soupe) vinaigre de xérès

PRÉPARATION

Ouvrir délicatement les dattes sur un côté pour retirer le noyau. Disposer une petite quantité de fromage de chèvre et une pacane dans chaque datte. Refermer. Couper les tranches de bacon en deux et enrouler chaque datte le plus serré possible dans chaque demi-tranche.

Dans une poêle antiadhésive, chauffer l'huile et saisir les dattes en commençant du côté de l'extrémité des tranches de bacon. Retourner quelques fois afin de dorer uniformément le bacon. Terminer en versant le vinaigre de xérès et remuer délicatement pour bien glacer les dattes.

Piquer un cure-dents dans chaque datte et servir en guise de bouchées à vos invités.

TRUC DÉCADENT

Remplacez le fromage de chèvre par du fromage bleu ou les pacanes par des noix de Grenoble (cerneaux de noix). Autant de propositions toutes aussi délicieuses!

RÉGAL POMMES & RAISINS

4 PORTIONS

INGRÉDIENTS POUR LA PÂTE

3 œufs
80 ml (1/3 tasse) lait
30 ml (2 c. à soupe) cassonade (sucre brun)
1 ml (1/4 c. à thé) cannelle
80 ml (1/3 tasse) farine
5 ml (1 c. à thé) poudre à pâte (levure chimique)

INGRÉDIENTS POUR LA GARNITURE

30 ml (2 c. à soupe) beurre
30 ml (2 c. à soupe) cassonade (sucre brun)
3 pommes, pelées, sans le cœur et émincées
60 ml (1/4 tasse) raisins secs dorés

PRÉPARATION

Dans un grand bol, fouetter les œufs, le lait, la cassonade et la cannelle. Ajouter la farine en pluie en fouettant le mélange afin d'éviter la formation de grumeaux. Incorporer la poudre à pâte et réserver.

Préchauffer le four à 200°C (400°F).

Dans une grande poêle allant au four, faire fondre le beurre et la cassonade. Ajouter les pommes et les raisins, et cuire 5 à 6 minutes afin de les colorer. Verser la pâte sur les pommes. Remuer et mettre la poêle au four pendant 10 minutes. Découper en pointes et servir arrosé de sirop d'érable.

TRUC DÉCADENT

Ajoutez du jambon émincé au moment de cuire les pommes. À la sortie du four, coupez la galette en lanières, puis garnissez-la de fromage gruyère râpé avant de la passer sous le gril du four pour quelques minutes. Un petit-déjeuner complet en un tournemain!

46

LES HUEVOS RANCHEROS

4 PORTIONS

LE SAVIEZ-VOUS?

Huevos rancheros signifie les «œufs du fermier» en français. C'est un plat typique servi pour le petit-déjeuner au Mexique.

INGRÉDIENTS POUR LA SALSA MAISON

1 échalote, hachée
796 ml (1 boîte) tomates en dés, égouttées
1 piment jalapeño, épépiné et haché
2 ml (1/2 c. à thé) cumin
30 ml (2 c. à soupe) huile d'olive
60 ml (1/4 tasse) coriandre fraîche, hachée
Sel et poivre
Sauce piquante (au choix)

INGRÉDIENTS POUR LES TORTILLAS

2 tortillas moyennes
30 ml (2 c. à soupe) huile d'olive
Sel

INGRÉDIENTS POUR LES ŒUFS

500 ml (2 tasses) salsa maison
250 ml (1 tasse) haricots noirs en boîte, rincés et égouttés
4 œufs
Sel et poivre
30 ml (2 c. à soupe) crème 35 % (entière)
125 ml (1/2 tasse) fromage Monterey jack, râpé

PRÉPARATION

Dans un bol, combiner tous les ingrédients de la salsa. Bien mélanger.

Couper les tortillas en minces languettes. Dans un bol, combiner les tortillas avec l'huile et le sel. Étendre les languettes sur une plaque allant au four et cuire 10 minutes à 175°C (350°F) ou jusqu'à ce qu'elles soient dorées et croustillantes.

Dans une grande poêle, faire mijoter doucement la salsa et les haricots noirs. Former quatre petits nids et casser un œuf dans chacun d'eux. Assaisonner, puis verser la crème en filet sur les œufs. Ajouter le fromage râpé, couvrir et cuire 4 à 5 minutes à feu doux. Servir les œufs accompagnés des languettes de tortilla.

LA SALADE DU BRUNCH

4 PORTIONS

TRUC DÉCADENT

Pour faire votre propre sauce aux canneberges, il suffit de mélanger dans une casserole 125 ml (1/2 tasse) de sucre, 125 ml (1/2 tasse) de cassonade, 125 ml (1/2 tasse) de jus d'orange, 125 ml (1/2 tasse) d'eau et 330 g (3 1/4 tasses) de canneberges surgelées ou fraîches. On porte le tout à ébullition, puis on laisse mijoter environ 20 minutes. Pour finir, on réduit le tout en une sauce lisse.

INGRÉDIENTS POUR LA VINAIGRETTE AUX CANNEBERGES

45 ml (3 c. à soupe) sauce aux canneberges en gelée en boîte
30 ml (2 c. à soupe) miel
5 ml (1 c. à thé) moutarde de Dijon
15 ml (1 c. à soupe) vinaigre balsamique
125 ml (1/2 tasse) huile de pépins de raisin

INGRÉDIENTS POUR LA SALADE

1 l (4 tasses) salade mesclun
60 ml (1/4 tasse) amandes, grillées et hachées grossièrement
1 orange, découpée en suprêmes
1 pamplemousse, découpé en suprêmes
30 ml (2 c. à soupe) canneberges séchées

PRÉPARATION

Dans un petit bol, fouetter 1 à 2 minutes la sauce aux canneberges, le miel, la moutarde et le vinaigre balsamique. Incorporer l'huile en filet sans cesser de fouetter afin d'obtenir une vinaigrette onctueuse.

Dans un saladier, mélanger tous les ingrédients de la salade et, au dernier moment, ajouter la vinaigrette. Bien touiller et servir.

BONBONS BACON SAUMON

12 BONBONS

INGRÉDIENTS

100 g (4 tranches) bacon (lard fumé maigre)
60 ml (1/4 tasse) pacanes (noix de pécan), rôties
et hachées grossièrement
450 g (1 lb) filet de saumon frais
60 ml (1/4 tasse) sucre
30 ml (2 c. à soupe) beurre
30 ml (2 c. à soupe) vinaigre de xérès
1 ml (1/4 c. à thé) fleur de sel

PRÉPARATION

Préchauffer le four à 175°C (350°F).

Placer les tranches de bacon sur une plaque allant au four et cuire 15 minutes ou jusqu'à ce qu'il soit bien croustillant. Éponger sur du papier absorbant, puis hacher grossièrement. Dans un petit bol, mélanger le bacon et les pacanes.

Couper le saumon en cubes de 2 cm (1 po). Porter une casserole d'eau à ébullition, puis y plonger les cubes de poisson. Cuire 20 secondes et égoutter. Disposer les cubes sur une plaque allant au four recouverte de papier parchemin. Laisser refroidir.

Dans une petite casserole, faire fondre le sucre. Cuire à feu moyen afin d'obtenir un caramel. Lorsque le caramel commence à dorer, retirer du feu et ajouter le beurre. Verser le vinaigre, la fleur de sel et le mélange de pacanes et de bacon. Remettre sur le feu et cuire 1 ou 2 minutes en remuant avec une cuillère. Napper rapidement chaque cube de saumon de caramel à l'aide d'une cuillère. Réfrigérer au moins 10 minutes. Servir froid.

PAIN DE MAÏS AUX JALAPEÑOS

10 PORTIONS

INGRÉDIENTS

310 ml (1 1/4 tasse) farine
310 ml (1 1/4 tasse) farine de maïs
25 ml (5 c. à thé) poudre à pâte (levure chimique)
1 ml (1/4 c. à thé) sel
125 ml (1/2 tasse) miel
310 ml (1 1/4 tasse) babeurre
1 œuf
5 ml (1 c. à thé) beurre, fondu
250 ml (1 tasse) grains de maïs frais
1 jalapeño, épépiné et haché

PRÉPARATION

Dans un grand bol, combiner la farine, la farine de maïs, la poudre à pâte et le sel.

Dans un autre bol, fouetter le miel, le babeurre et l'œuf. Verser le mélange liquide dans le mélange sec, puis remuer jusqu'à ce que le tout soit homogène. Incorporer le beurre fondu, le maïs et le jalapeño. Ne pas trop travailler la pâte.

Préchauffer le four à 165°C (325°F).

Verser le mélange dans un moule à pain antiadhésif beurré ou recouvert de papier parchemin. Cuire 45 minutes au four ou jusqu'à ce qu'un cure-dents inséré au centre du pain en ressorte propre. Démouler le pain et laisser refroidir au moins 10 minutes avant de découper. Servir accompagné de beurre.

LE SAVIEZ-VOUS?

Le *cornbread*, ou pain de maïs, est un mets traditionnel en Amérique puisqu'à l'arrivée des colons, les Amérindiens cultivaient déjà le maïs et en faisaient de la farine. Mélangée à des œufs et cuite sur le feu, celle-ci formait une galette de pain de maïs. Il existe aujourd'hui une multitude de variations allant d'un pain salé à un pain plus sucré.

QUICHE ÉPINARDS ET CETERA

4 PORTIONS

INGRÉDIENTS

15 ml (1 c. à soupe) huile d'olive
1 oignon, ciselé
500 ml (2 tasses) brocoli, coupé en petits bouquets
30 ml (2 c. à soupe) tomates séchées, émincées finement
500 ml (2 tasses) épinards
1 croûte de pâte brisée maison ou du commerce
125 ml (1/2 tasse) féta, émiettée
4 œufs
125 ml (1/2 tasse) lait
Sel et poivre

PRÉPARATION

Dans une grande poêle, chauffer l'huile d'olive et faire revenir l'oignon 1 à 2 minutes. Ajouter le brocoli et les tomates séchées, puis continuer la cuisson 2 à 3 minutes. Ajouter les épinards, remuer et continuer la cuisson 2 minutes. Réserver.

Préchauffer le four à 190°C (375°F).

Abaisser la pâte afin d'en recouvrir un moule à tarte de 22 cm (9 po) préalablement huilé. Disposer la moitié de la féta sur la pâte, puis ajouter le mélange de légumes. Garnir du reste de la féta.

Dans un bol, fouetter les œufs avec le lait. Assaisonner. Verser le mélange d'œufs dans la tarte. Placer la quiche sur la grille inférieure du four et cuire 30 minutes. Laisser refroidir au moins 10 minutes avant de servir.

CASSEROLE PETIT-DÉJ

4 PORTIONS

INGRÉDIENTS POUR LA BÉCHAMEL

30 ml (2 c. à soupe) beurre
30 ml (2 c. à soupe) farine
250 ml (1 tasse) lait
250 ml (1 tasse) fromage gruyère
Sel et poivre

INGRÉDIENTS POUR LA CASSEROLE

2 pommes de terre, pelées et coupées en cubes de 1 cm (1/2 po)
1 oignon, ciselé
12 champignons, coupés en 4
30 ml (2 c. à soupe) origan frais, haché
30 ml (2 c. à soupe) huile d'olive
Sel et poivre
2 saucisses douces
4 ou 8 œufs

PRÉPARATION

Préchauffer le four à 200°C (400°F).

Dans un bol, mélanger les pommes de terre, l'oignon, les champignons, l'origan et l'huile. Assaisonner et étaler sur une plaque allant au four. Placer les saucisses entières sur la plaque. Cuire 40 minutes au four.

Pour la béchamel, dans une petite casserole, faire fondre le beurre, ajouter la farine et cuire le mélange 1 minute. Ajouter 60 ml (1/4 tasse) de lait, puis remuer pour former une pâte homogène. Ajouter le reste du lait graduellement en fouettant sans cesse afin d'éviter la formation de grumeaux. Porter à ébullition sans cesser de remuer. Lorsque le mélange a épaissi, retirer du feu. Ajouter le gruyère et assaisonner. Réserver.

À la sortie du four, trancher les saucisses, mélanger avec les pommes de terre, puis transférer le mélange rôti dans des plats individuels allant au four. Napper de béchamel. Casser 1 ou 2 œufs sur chacun des plats et remettre 15 minutes au four à 175°C (350°F). Servir chaud.

52

PLANTAIN FRIT SIMPLE ET BON

2 PORTIONS

INGRÉDIENTS

1 banane plantain bien mûre
Huile végétale (friture)
Jus de 1 lime
Crème sure (fraîche épaisse)

PRÉPARATION

Peler la banane plantain et la découper en tranches diagonales de 1 cm (1/2 po) d'épaisseur.

Dans une grande casserole, verser 2 cm (1 po) d'huile végétale. Lorsque l'huile frémit au contact des bananes, y déposer délicatement les tranches. Frire jusqu'à ce qu'elles soient dorées, puis les retourner pour les dorer uniformément. Retirer de l'huile avec une cuillère trouée et bien égoutter sur du papier absorbant.

Dans une assiette, arroser légèrement la banane frite de jus de lime, puis garnir d'un peu de crème sure. Servir avec des tranches de pain grillées.

 LE SAVIEZ-VOUS?

Bien que faisant aujourd'hui partie de la culture culinaire antillaise, la banane plantain est originaire d'Asie. Les Romains la connaissaient même déjà grâce aux marchands phéniciens.

53

LES HUÎTRES CÉSAR

12 BOUCHÉES

INGRÉDIENTS

1 tomate italienne
12 huîtres fraîches, bien lavées
Quelques gouttes de sauce Tabasco
Jus de 1 citron
30 ml (2 c. à soupe) coriandre fraîche, hachée
Sel de céleri

PRÉPARATION

Retirer le pédoncule de la tomate. Dans un bol, râper la tomate à l'aide d'une râpe à fromage. Égoutter la purée ainsi créée dans une petite passoire afin de ne conserver que la chair de la tomate.

Ouvrir les huîtres avec un couteau à huîtres. Détacher les huîtres de leur muscle. Placer les huîtres sur un lit de gros sel afin de les stabiliser.

Garnir chaque huître d'une goutte de Tabasco, d'un peu de jus de citron, de 5 ml (1 c. à thé) de purée de tomate et d'un peu de coriandre hachée. Terminer en saupoudrant un peu de sel de céleri. Déguster immédiatement.

LE SAVIEZ-VOUS?

Le cocktail bloody Caesar qui a inspiré cette recette a été inventé à Calgary en 1969. Ce cocktail a rapidement gagné en popularité dans tout le Canada : chaque année, quelque 350 millions de bloody Caesars y sont consommés.

54

LES PANCAKES AUX BLEUETS

12 PANCAKES

INGRÉDIENTS

4 œufs
30 ml (2 c. à soupe) sucre
500 ml (2 tasses) babeurre
1 ml (1/4 c. à thé) sel
500 ml (2 tasses) farine
30 ml (2 c. à soupe) poudre à pâte (levure chimique)
30 ml (2 c. à soupe) beurre, fondu
30 ml (2 c. à soupe) beurre (cuisson)
250 ml (1 tasse) bleuets (myrtilles) frais ou surgelés (non dégelés)

PRÉPARATION

Dans un bol, fouetter les œufs, le sucre, le babeurre et le sel. Ajouter la farine en pluie en fouettant sans cesse jusqu'à ce que le mélange soit homogène. Incorporer la poudre à pâte et le beurre fondu. Laisser reposer la pâte 10 minutes au réfrigérateur.

À l'aide d'un papier absorbant, enduire une poêle antiadhésive chauffée à feu moyen d'une petite quantité de beurre. Avec une louche, verser des cercles de pâte d'environ 10 cm (4 po) dans la poêle. Disposer la quantité de bleuets désirée sur chaque pancake. Lorsque les pancakes sont bien dorées, les retourner afin de les dorer uniformément. Répéter pour tout le mélange.

Servir les pancakes immédiatement ou les garder au chaud dans un contenant couvert au four. Arroser généreusement de sirop d'érable, de caramel ou de crème fouettée, et savourer.

 LE SAVIEZ-VOUS?

Les pancakes diffèrent des crêpes par le fait qu'elles sont plus petites et épaisses. Le mot *pancake* est tiré de l'allemand pfannkuchen, qui signifie gâteau à la poêle.

55

SMOOTHIES EN FOLIE

4 PORTIONS / RECETTE

LE SMOOTHIE CRÉMEUX À LA MANGUE

500 ml (2 tasses) mangue fraîche ou surgelée, coupée en cubes
250 ml (1 tasse) yogourt à la vanille
250 ml (1 tasse) lait
Jus de 1 lime

LE SMOOTHIE BANANE ET PETITS FRUITS

2 bananes bien mûres, coupées en tronçons
250 ml (1 tasse) petits fruits frais ou surgelés
500 ml (2 tasses) lait de soja

LE SMOOTHIE TROPICAL

500 ml (2 tasses) jus d'orange
500 ml (2 tasses) ananas frais ou surgelé, coupé en cubes
15 ml (1 c. à soupe) gingembre frais, pelé et râpé
125 ml (1/2 tasse) lait de coco

LE SMOOTHIE PROTÉINÉ À LA FRAISE

250 ml (1 tasse) tofu soyeux
500 ml (2 tasses) fraises fraîches ou surgelées
60 ml (1/4 tasse) sirop d'érable ou sirop de canne
250 ml (1 tasse) eau ou glace pilée

PRÉPARATION

Combiner tous les ingrédients du smoothie choisi dans un mélangeur. Réduire en un smoothie lisse et onctueux. Servir dans un pichet ou dans de jolis verres individuels.

RÖSTIS GRUYÈRE & ROMARIN

6 PORTIONS

INGRÉDIENTS

2 pommes de terre Russet
250 ml (1 tasse) fromage gruyère, râpé
30 ml (2 c. à soupe) romarin frais, haché
30 ml (2 c. à soupe) persil frais, haché
5 ml (1 c. à thé) sel
2 ml (1/2 c. à thé) poivre noir
30 ml (2 c. à soupe) beurre

PRÉPARATION

Dans une casserole, couvrir les pommes de terre d'eau et porter à ébullition. Laisser mijoter 30 minutes. Égoutter et laisser refroidir. Peler les pommes de terre une fois refroidies.

Dans un bol, râper les pommes de terre et incorporer le fromage et les herbes. Assaisonner et bien mélanger. Former des galettes compactes de 7,5 cm (3 po) de diamètre et de 1,5 cm (1/2 po) d'épaisseur.

Faire fondre le beurre dans une poêle antiadhésive. Placer les galettes côte à côte et cuire 5 à 6 minutes à feu moyen ou jusqu'à ce que les pommes de terre soient bien dorées. Retourner les röstis et laisser dorer l'autre côté uniformément. Servir avec des œufs et une viande au choix.

TRUC DÉCADENT

Les röstis sont fragiles à la cuisson, alors mieux vaut les manipuler le moins possible. Laissez-les dorer et ne les retournez qu'une seule fois.

LE SAVIEZ-VOUS?

Spécialité de la Suisse alémanique, les röstis (prononcé «reuchti») sont à l'origine de l'expression *Röstigraben* (le «fossé des röstis») utilisée pour exprimer la différence de mentalité entre les zones francophone et germanophone de la Suisse.

COCOTTE SURPRISE

4 PORTIONS

INGRÉDIENTS

500 ml (2 tasses) bébés épinards
4 petits pains
60 ml (1/4 tasse) fromage à la crème (fromage à tartiner)
4 tranches de jambon fumé à l'ancienne, coupées en lanières
Sel et poivre
4 œufs

PRÉPARATION

Préchauffer le four à 175°C (350°F).

Dans une poêle, faire tomber les épinards dans 60 ml (1/4 tasse) d'eau. Bien égoutter.

Avec un couteau, découper un cercle sur le dessus de chaque pain. Retirer le petit couvercle ainsi créé et enlever la moitié de la mie à l'intérieur des pains pour former une cavité.

Au fond de chaque pain, placer 15 ml (1 c. à soupe) de fromage à la crème, des épinards et des lanières de jambon. Assaisonner la garniture. Casser un œuf dans chaque pain et mettre 20 minutes au four, sur la grille du centre. Assaisonner les œufs, remettre le couvercle de pain et servir comme un petit-déjeuner complet.

TATIN FIGUES & BALSAMIQUE

4 PORTIONS

INGRÉDIENTS

60 ml (1/4 tasse) vinaigre balsamique
60 ml (1/4 tasse) sucre
9 figues noires moyennes bien mûres, coupées en 2
200 g (1/2 paquet) pâte feuilletée du commerce

PRÉPARATION

Préchauffer le four à 200°C (400°F). Recouvrir le fond d'un moule à tarte de 25 cm (10 po) d'un cercle de papier parchemin.

Dans une petite casserole, porter à ébullition le vinaigre balsamique et le sucre, puis laisser réduire à feu doux 3 à 4 minutes jusqu'à l'obtention d'une consistance sirupeuse. Verser le sirop dans le moule et bien l'étaler avant qu'il ne fige. Disposer les figues côté peau sur le sirop.

Sur une surface de travail légèrement farinée, abaisser la pâte feuilletée à environ 3 mm (1/8 po) d'épaisseur et découper en un cercle légèrement plus grand (environ 4 cm de plus) que le moule à tarte. Déposer l'abaisse sur la tarte et enfoncer le surplus de pâte entre la garniture et le moule. Piquer la pâte pour permettre l'évacuation de la vapeur pendant la cuisson. Cuire 30 minutes au four.

Démouler la tarte à sa sortie du four en la renversant dans une assiette plus grande que le moule. Laisser reposer 10 minutes avant de servir.

FRITTATA CAMPAGNARDE

6 PORTIONS

INGRÉDIENTS

15 ml (1 c. à soupe) huile d'olive
250 ml (1 tasse) lardons, coupés en petits dés
1 l (4 tasses) poireaux, émincés finement
6 tranches de fromage à raclette, coupées en 2
6 œufs
125 ml (1/2 tasse) lait
30 ml (2 c. à soupe) farine
Sel et poivre

PRÉPARATION

Dans une poêle, chauffer l'huile et faire revenir les lardons 3 à 4 minutes. Ajouter les poireaux et continuer la cuisson 2 à 3 minutes. Huiler un plat allant au four et disposer la moitié de la garniture dans le plat. Couvrir de la moitié du fromage à raclette, puis du reste de la garniture aux poireaux.

Préchauffer le four à 175°C (350°F).

Dans un bol, fouetter les œufs et le lait. Ajouter la farine en pluie et bien incorporer. Assaisonner. Verser le mélange dans le plat afin de bien recouvrir la garniture. Couvrir du reste des tranches de fromage et cuire 30 minutes au four. Servir.

LES SCONES ROYAUX

16 SCONES

INGRÉDIENTS

250 ml (1 tasse) raisins secs dorés
1,25 l (5 tasses) farine
30 ml (2 c. à soupe) poudre à pâte (levure chimique)
180 ml (3/4 tasse) sucre
Zeste de 1 citron
5 ml (1 c. à thé) sel
250 ml (1 tasse) beurre non salé froid, coupé en dés
375 ml (1 1/2 tasse) babeurre
Lait (finition)
Sucre (finition)

PRÉPARATION

Faire tremper les raisins secs 5 minutes dans l'eau chaude pour les ramollir. Bien les égoutter. Réserver.

Dans un bol, mélanger la farine, la poudre à pâte, le sucre, le zeste de citron et le sel. Ajouter le beurre et mélanger du bout des doigts jusqu'à la formation de gros grumeaux. Ajouter le babeurre et les raisins secs, puis mélanger jusqu'à consistance homogène. Ne pas trop travailler la pâte.

Fariner légèrement une surface de travail. Façonner un cylindre de 8 cm (3 po) de diamètre avec la pâte. Réfrigérer 30 minutes. À l'aide d'un couteau du chef, découper la pâte en scones de 2 cm (1 po) d'épaisseur. Transférer sur une plaque à pâtisserie recouverte de papier parchemin ou d'un tapis de silicone.

Préchauffer le four à 175°C (350°F).

Badigeonner le dessus de chaque scone de lait et saupoudrer d'une pincée de sucre. Mettre au four et cuire 30 minutes. Servir les scones avec de la confiture maison et de la crème fraîche.

LE SAVIEZ-VOUS?

À l'origine, le scone était rond et plat, comme une petite assiette. Fait d'avoine, sans levain, et cuit au four dans un poêlon en fonte, on le découpait ensuite en pointes pour le manger.

INDEX DES INGRÉDIENTS

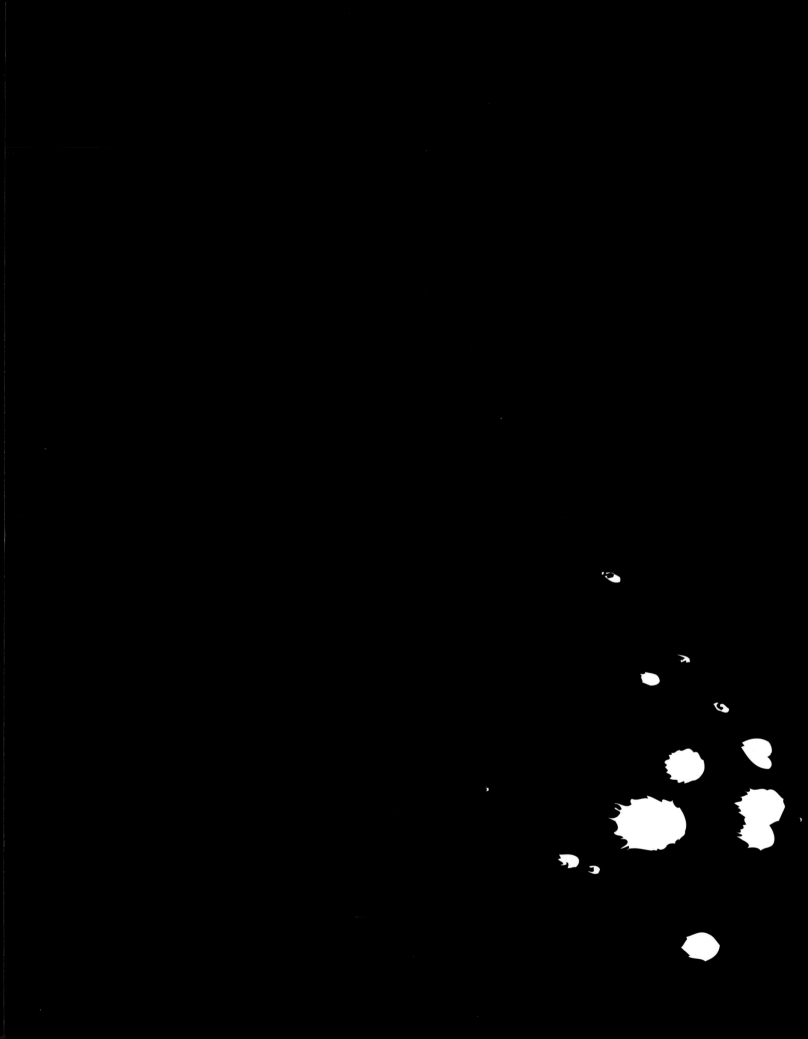

TABLE DE CONVERSION

1 cuillère à thé .... 1 cuillère à café .... 5 ml

1 cuillère à soupe .... 1 cuillère à table .... 15 ml

1 dl .... 10 cl .... 100 ml

1 oz .... 30 ml

1/4 tasse .... 60 ml

1/3 tasse .... 80 ml

1/2 tasse .... 125 ml

1 tasse .... 250 ml

4 tasses .... 1 l

1 lb .... 450 g

2 lb .... 900 g

2,2 lb .... 1 kg

300 °F .... 150 °C T/5

350 °F .... 175 °C T/6

400 °F .... 200 °C T/7

Conversion volume/poids des ingrédients

* Ces valeurs sont approximatives

---

1 tasse (250 ml) de fromage émietté .... 150 g

1 tasse (250 ml) de farine tout usage .... 115 g

1 tasse (250 ml) de sucre blanc .... 200 g

1 tasse (250 ml) de sucre brun .... 220 g

1 tasse (250 ml) de beurre .... 230 g

1 tasse (250 ml) d'huile .... 215 g

1 tasse (250 ml) de tomates en boîte .... 250 g

NOTES

   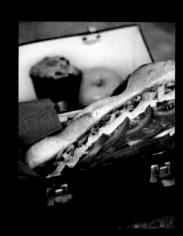

LES 60 MEILLEURS
SMOOTHIES SANTÉ
DU MONDE... POINT FINAL.

LES 60 MEILLEURES
SOUPES
DU MONDE... POINT FINAL.

LES 60 MEILLEURS
PLATS MIJOTÉS
DU MONDE... POINT FINAL.

LES 60 MEILLEURS
PLATS RÔTIS
DU MONDE... POINT FINAL.

LES 60 MEILLEURS
DESSERTS
DU MONDE... POINT FINAL.

LES 60 MEILLEURS
PLATS VÉGÉTARIENS
DU MONDE... POINT FINAL.

 Découvrez les titres à venir et bien plus sur
WWW.FACEBOOK.COM/LES60MEILLEURSDUMONDE